Sr

air
Druim Uachdair

Màiri Rhind

Dealbh a' chòmhdaich le Nick Hesketh

Clàr 2000

*Mar chuimhneachan air an Dotair Alasdair Barden
agus an Dotair Uilleam MacChoinnich a bhrosnaich
mi gus tòiseachdainn air an leabhar seo.*

M. R.

Air fhoillseachadh le **Clàr**, Inbhir Nis, 2000
Air a chlò-bhualadh le Bell & Bain Ltd., Glaschu
© na sgeulachd Màiri Rhind
© deilbh a' chòmhdaich Nick Hesketh

Chuidich Comhairle nan Leabhraichean
am foillsichear le cosgaisean an leabhair seo.

Fhuair **Clàr** taic airgid cuideachd bho
Chomunn na Gàidhlig.

LAGE (ISBN) 1 900901 04 8

CAIBIDEIL 1

Bha Eilidh trang a' gearradh falt Mrs Dawson nuair a sheirm am fòn. Chuir an nighean òg a bha a' sguabadh an ùrlair sìos an sguab 's chaidh i ga fhreagairt. An dèidh greiseig thàinig i a-nall far an robh Eilidh.

"It's for you, Eilidh ... "

"Excuse me a moment, Mrs Dawson," thuirt Eilidh. Chuir i sìos an siosar agus a' chìr. "I won't be long." Dh'fhalbh i 's thog i am fòn.

"Hello. Eilidh's Hairdressing. Eilidh speaking."

"Eilidh! Taing do shealbh ... tha thu ann ..." 'S e guth iomagaineach, ìosal, cabhagach a bh' air a' cheann eile ach dh'aithnich Eilidh sa bhad e.

"A Chatrìona! ... Dè tha ceàrr ort?"

"Eisd, Eilidh! Chan eil mòran ùine agam an-dràsta. Tha tubaist air a bhith ann 's tha mi san ospadal an Inbhir Nis le cas bhriste. Tha e uabhasach cudromach gun tig thu dhachaigh air ball ... "

"Ach, a Chatrìona ..."

"Chan urrainn dhomh bruidhinn ... tha cuideigin a' tighinn," agus anns a' mhionaid bha am fòn balbh. Thug Eilidh air falbh am fòn bho cluais agus choimhead i air. Gu dè bha ceàrr air an tèile? Carson a bha a leithid de dh'eagal na guth? Carson nach robh cothrom aice innse dè bha a' tachairt? Dè an seòrsa tubaist a bha ga fàgail 's a cas briste? Agus carson a dh'fhòn a piuthar i aig an t-salon anns a' chiad àite? Tòrr cheistean is gun aon fhreagairt nan lùib. Thill i gu mall far an robh Mrs Dawson.

"Anything wrong?" dh'fhaighnich a' chailleach.

"No, no, not really. My sister ... she's broken her leg. But she seems all right," agus thòisich i air falt Mrs Dawson a ghearradh às ùr, i làn-chinnteach gu robh rudeigin fada, fada ceàrr.

Smaoinich i greiseag air dè dh'fhaodadh a bhith ceàrr air a piuthar a bharrachd air cas bhriste. Bha sia bliadhna ann a-nis bhon dh'fhàg i fhèin taigh a pàrantan agus Catrìona fhathast san sgoil. Bha trì bliadhna ann bhon dh'fhosgail i an salon seo ann am Bearaig a Tuath. Bha cùisean a' dol gu math leatha agus chaidh aice air nighean fhasdadh a ghearradh falt còmhla rithe agus nighean òg eile a sguabadh an làr agus a fhreagradh am fòn.

Bha Mrs Dawson deiseil mu dheireadh thall, agus cho luath 's a dhùin an doras na dèidh thuirt Eilidh ris an dithis eile, "Feumaidh mi falbh airson latha no dhà. Mo phiuthar a bha siud air a' fòn. Tha i air a cas a bhriseadh 's tha i san ospadal."

Bha Sue is Melanie duilich sin a chluinntinn ach cha tuirt Eilidh dad mu dheidhinn an iomagain a dh'fhairich i ann an guth a peathar. Dh'fhaighnich i dhaibh an deargadh iad an salon a ruith às a h-aonais.

"Na biodh dragh sam bith ort, Eilidh," thuirt iad le chèile. "Nì sinne na tha ri dhèanamh sa bhùth airson latha no dhà. Cò aig tha fios nach dèan sinn an gnothach nas fheàrr!"

Fhad 's a bha Eilidh a' lìonadh na màileid am feasgar sin, bha i a' beachdachadh air na rudan nach d' fhuair Catrìona cothrom innse dhi. Cha robh aice ri thoirt leatha ach aodach latha no dhà. Bha fios aice gum faigheadh i fuireach aig taigh a peathar ann an Dail Chuinnidh - an taigh, gu dearbh, san deach i fhèin a thogail.

Bha làn-chuimhne aice fhathast air an latha, bliadhnaichean air ais, a dh'fhàg i am baile beag agus i a' dèanamh air Dùn Eideann air cùrsa gruagaireachd. Bha cuimhne aice cuideachd air latha eile nuair a thòisich i air obair air a ceann fhèin sa bhùth ann am Bearaig a Tuath. Baile snog dha-rìribh agus bu toigh leatha na daoine. Bha a' mhuir ann air am faodadh i coimhead gach latha, 's i cho farsaing, tarraingeach. Uaireannan, gun teagamh, bhiodh i ag ionndrain nam beanntan mòra a bha mun cuairt oirre 's i òg. Bhiodh i a' cur seachad cola-deug a h-uile samhradh aig taigh a peathar.

Ach cha robh dùil aice a-nis tilleadh gu bràth a dh'obair ann am baile a h-àraich, oir bha gruagaire ann a-nis - cò eile ach Catrìona, a piuthar fhèin, a rachadh mun cuairt nan taighean na bhana gheal 's gach rud na broinn a bha a dhìth airson gruagaireachd a dhèanamh. Bha na daoine ann an Dail Chuinnidh riaraichte leis an sin, oir bha e tòrr na bu ghoireasaiche dhaibh am falt fhaighinn air a ghearradh a-staigh na bhith a' siubhal do na bailtean a b' fhaisg' orra. Agus bha Eilidh a' dèanamh cho math ann am Bearaig a Tuath, 's bha i cho dòigheil ann, 's gu robh saor-làithean uair sa bhliadhna aig an t-seann dachaigh gu leòr dhi.

Dh'fhairich i an ath mhadainn gur e saor-làithean a bh' ann 's i a' feitheamh aig an stèisean ris an trèan. Bha sluagh mòr ann agus bha beagan dragh oirre nach fhaigheadh i àite-suidhe, oir bha an trèan à Lunnainn gu math tric trang. Nuair a thàinig an trèan, cha robh a' chùis cho dona idir, agus fhuair i suidheachan furasda gu leòr ri taobh uinneig.

Bha dithis choigreach mu coinneimh agus thòisich iad air bruidhinn rithe. Dh'innis iad dhi gur ann às na Stàitean Aonaichte a bha iad, rud a bha Eilidh air a thuigsinn cho luath 's a chunnaic i iad. Bha iad air saor-làithean, thuirt iad, agus bha iad air an t-slighe a Dhùn Eideann. 'Rinn' iad Lunnainn an latha roimhe. An robh ise à Albainn? Bha.

"Gee! A real Scottish person," thuirt iad le toileachas. An robh ise air saor-làithean? Cha robh, bha i a' dol a choimhead air a piuthar. Cha do dh'ainmich i sìon mun chois bhriste air sgàth nan cluasan a bha mun cuairt. Ach cha do leig na h-Ameireaganaich às leis an sin i. Càit an robh a piuthar a' fuireach? Ann an Dail Chuinnidh. Càit an robh sin? Cha robh sin cho furasda innse dhaibh ach bha mapa turasachd aca agus sheall i dhaibh far an robh e. An ann an sin a chaidh a togail? B' ann.

"Gee! A real Scottish Highlander!"

An e taigh-tughaidh a th' ann an taigh do pheathar? Bheil solas dealain ann? Bheil bùrn ann? Dad ach ceistean! Cha tuirt Eilidh nach robh dealan no bùrn aca nuair a bha i òg oir bha i a' fàs caran an-fhoiseil leis na ceistean a bha iad a' cur oirre. B' e làithean sona a bh' annta, làithean beannaichte, 's cha robh i airson bruidhinn orra ri coigrich a bha ga coimhead mar chreutair neònach à sùtha - gun ghuth air na daoine a bha san trèan a' farchluais orra. Nan robh Catrìona còmhla rithe dhèanadh iad gàire agus bhruidhneadh iad ri chèile air cho gòrach 's a bha daoine mu na h-Albannaich.

"Do you speak Gaylik?"

"I do," thuirt i, a' fàs sgìth a-nis.

"Gee! A real Gaylik speaker!"

Gu fòrtanach ràinig an trèan Dùn Eideann aig an dearbh àm sin agus dh'fhalbh na h-Ameireaganaich. Cha tàinig duine nan àite agus bha Eilidh toilichte. Bha siud gu leòr de chòmhradh. Sgaoil i am pàipear-naidheachd aice air a' bhòrd agus thòisich i air leughadh. Fois mu dheireadh thall.

Sin mar a ghabh i a leithid de dh'eagal nuair a dh'fhairich i rudeigin teth, fliuch air a gualainn.

"An ainm an ...!"

"Tha mi uabhasach duilich ... "

Thog i a sùilean. Bha duine òg na sheasamh an sin le cupa na làimh - e letheach làn a-nis - a shùilean beòthail a' geur-choimhead oirre. Bha fèileadh air. Dh'iarr e oirre a leisgeul a ghabhail.

"Bha mi dìreach air cupa cofaidh fhaighinn on choidse-bìdh nuair a theab mi tuiteam le gluasad na trèana. Tha mi uabhasach duilich."

Cha robh Eilidh toilichte idir le cho donn 's a bha an cofaidh air a muinichill - muinichill geansaidh a bha i dìreach air a cheannach an t-seachdain roimhe, ach thuirt i, "Chan eil e gu deifir, tubaist a bh' ann."

"Am faigh mi cofaidh dhutsa?" thuirt an duine, agus ise fhathast a' feuchainn ris a' chofaidh a ghlanadh bho muinichill.

"Mar nach robh cofaidh gu leòr agam mu thràth!" fhreagair i, ach bha esan air falbh agus coltas nach cuala e riamh i.

Nuair a thill e, bha dà chupa cofaidh eile aige agus shuidh e mu coinneimh. Mhothaich i a-nis gu robh sùilean uaine aige agus gu robh tuar ruadh na fhalt donn. Bha gàire beag air aodann 's anns na sùilean uaine sin.

"Feumaidh mi aideachadh," thuirt e, "gu robh mi ag èisdeachd riut 's tu bruidhinn ri na h-Ameireaganaich agus gu bheil mise a' dol a Dhail Chuinnidh cuideachd. Tha mi air Gàidhlig ionnsachadh."

Thuit cridhe Eilidh. Dìreach nuair a bha dùil aice ri turas sàmhach, foiseil, seo fear eile a dh'fhaighnicheadh dhi ciamar a bha cùisean na h-òige, agus sin ann an Gàidhlig le blas na Beurla a bhiodh doirbh a tuigsinn. Bha còir aice a bhith air aithneachadh cho luath 's a chunnaic i gu robh fèileadh air! Bhiodh e airson faighneachd dhi an robh fèileadh air a h-uile duine nuair a bha ise òg agus am biodh iad a' sealg fhiadh airson biadh — casruisgte, tha mi creidsinn!

Ach chan ann mar sin a bha an duine idir. Cha do bhruidhinn e ach air fhèin. 'S ann a bha e a' dèanamh beagan rannsachaidh ann an Dail Chuinnidh. Bha e air a bhith ann bho chionn mìos ach bha aige ri dhol a Lunnainn airson latha no dhà gus rudeigin a bha feumail dhan rannsachadh fhaighinn a-mach. Sin bu choireach gu robh e air an trèan seo. Thuirt e gu robh e a' cruinneachadh beòil- aithris. Dh'èisd Eilidh airson ùine mhòr gun bhruidhinn. Nuair a fhuair i cothrom mu dheireadh thall air a beul fhosgladh, dh'fhaighnich i dha carson a bha e a' cruinneachadh stuth dhen t-seòrsa seo, ach cha d' fhuair i freagairt shlàn. Bha beachd aice an uair sin, briathrach 's gu robh e, gu robh e a' cleith rudeigin oirre.

Nuair a dh'fhàg an trèana Baile Chloichrigh, thòisich i a' cur an t-sneachda.

"Nach àlainn e!" thuirt an duine.

Alainn? Shaoil Eilidh gu robh cuideachd, ach 's e a' chiad fhaireachdainn a bh' aice gu robh i a' tilleadh dhachaigh. Cha bhiodh iad a' faighinn mòran sneachda ann am Bearaig a Tuath 's e cho faisg air a' mhuir agus, mar sin, bhiodh i ag ionndrain an t-sneachda a bha air na beanntan mun cuairt Dhail Chuinnidh a' chuid mhòr dhen bhliadhna.

Thòisich an trèan a' dol nas maille agus i a' dìreadh suas a Dhruim Uachdair.

"Bheil fhios agad," thuirt an duine, a' coimhead a-mach tron uinneig, "gur ann an sin a fhuair òganach am bàs san t-sneachda beagan an dèidh Bliadhna Theàrlaich?"

Bha fios aice air. Nach tric a chual' i an t-òran a bha ag innse mar a thachair 's a seanmhair ga ghabhail 's i òg, òran cho brònach 's a chuala i riamh na barail fhèin. Ach cha do fhreagair i ach "Tha".

Lean an duine air.

"Rinn mise beagan rannsachaidh agus tha òran ann mu dheidhinn. Saoil am bi iad ga ghabhail an-diugh?"

"Chan eil fhios 'am," fhreagair i gu cùramach. "Uine mhòr ann bhon a dh'fhàg mi am baile."

Agus b' e sin an fhìrinn, no pàirt dhith co-dhiù. B' urrainn dhi fhèin an t-òran sin a ghabhail ach cha robh i airson cus a ràdh. Agus bha i a-nis a' beachdachadh an e tubaist cheart a bh' ann gun do dhòirt e a chofaidh oirre? Bha am fear a bha mu coinneimh laghach gu leòr, ach 's e coigreach a bh' ann agus cha robh i airson a bhith ro chàirdeil ris gus am biodh i làn-chinnteach às.

"Càit a bheil thu a' fuireach?" dh'fhaighnich i airson an cuspair atharrachadh.

"Tha àite beag agam faisg air a' bhaile. Fhuair mi air mhàl e bhon uachdaran. Bidh e ga chur a-mach air mhàl gu luchd-turais as t-samhradh agus feumaidh mi teicheadh às an uair sin."

"Agus am bi do rannsachadh deiseil an uair sin?"

Thàinig drèin neònach air aodann, 's thuirt e, "Tha mi 'n dòchas gum bi."

Stad an trèan aig stèisean Dhail Chuinnidh le sgreuch is sgread. Thàinig iad dhith le chèile. Cha robh duine eile ri fhaicinn aig an stèisean.

"Dh'fhàg mi an càr an seo," thuirt an duine. "Bheil thu ag iarraidh lioft?"

"Chan eil, tapadh leat." Thog Eilidh a màileid. "Tha taigh mo pheathar cho faisg 's chan eil mo mhàileid trom idir." Bha i taingeil gu robh deagh leisgeul aice dha. Cha robh i buileach cinnteach às. Bha rudeigin ann nach robh e ag innse dhi, 's mar sin, cha robh i ro dheònach a bhith càirdeil ris.

"Mar sin leat, ma-tha," thuirt esan. " 'S mise Raibeart Donaldson. Dè an t-ainm a th' ort? Bu thoigh leam d' fhaicinn a-rithist … "

" 'S mise Eilidh Nic a' Phearsain," fhreagair i 's i an dòchas nach fhaiceadh ise esan. Cha bhiodh i ach latha no dhà san àite. Thadhaileadh i air Catrìona an ath latha agus thilleadh i a Bhearaig a Tuath nuair a rachadh aice air faighinn a-mach na bha cur dragh air a piuthar.

CAIBIDEIL 2

Ged nach robh an taigh fada air falbh, cha mhòr
nach robh e dorcha nuair a ràinig Eilidh e leis cho
tràth 's a thig beul na h-oidhche air feasgar
geamhraidh. Bha i gu math taingeil a ruighinn 's i
cho sgìth an dèidh siubhal 's a bhith ag èisdeachd
ri còmhradh an duin' ud – Raibeart, an e?

Chaidh i a-steach air a' gheata chun an taighe.
Dachaigh a h-òige a bh' ann fhathast ged a bha e
a' coimhead caran aonranach gun toit às an t-
similear, gun sholas anns na h-uinneagan, ach
chuireadh i fhèin sin ceart ann am beagan ùine
nuair a bhiodh an teine air a lasadh.

Ach nuair a chaidh i a-steach cha b' urrainn dhi
an sealladh a chunnaic i a chreidsinn. 'S ann dhan
chidsin a chaidh i an toiseach. Bha na
dràthraichean uile air am fosgladh 's na bh' annta
nan cruachan air an làr. Gach sgian, gach forc,
gach spàin air an dòrtadh a-mach. Cha robh
cùisean dad na b' fheàrr anns an rùm-chòmhnaidh,
far an robh a h-uile leabhar air a leagail far nan
sgeilpichean 's iad nan laighe hibealag-hobalag
feadh an ùrlair. 'S bha cuideigin air a bhith a'
tionndadh an t-sòfa bun-os-cionn agus bha

cuiseanan nan cathraichean air an tilgeil air feadh an àite.

Le eagal na h-uchd, chaidh Eilidh suas an staidhre agus 's e an aon rud a thachair rithe anns na seòmraichean cadail. Gach stiall aodaich a bha sna preasan air an ùrlar.

Dè idir a bha air tachairt? 'S dè bu chòir dhi a dhèanamh? Bha e coltach gur e mèirlich a bha air a bhith ann ach, mas e, dè ghoid iad? Cha robh càil a dh'fhios aig Eilidh. Am bu chòir dhi am poileas fhaighinn? Chaidh i sìos an staidhre agus a-mach leatha air an t-sràid na deann-ruith. Cha robh solas aig na nàbaidhean ach ghnog i air an doras co-dhiù. Cha d' fhuair i freagairt. Feumaidh gu robh iad air falbh.

Thòisich i air ruith sìos an rathad. Stad càr a bha tighinn air a cùlaibh agus cò bha sin ach Raibeart às an trèana.

"Hullo," thuirt esan gu math aighearach, a' cur sìos na h-uinneige. Ach mhothaich e an uair sin dhan eagal a bha na h-aodann. "Bheil càil ceàrr?"

Nuair a bha Eilidh air beannachd fhàgail aig an duine bho chionn greiseig aig an stèisean, cha chreideadh i cho toilichte 's a bhiodh i fhaicinn a-rithist.

" O, Raibeirt, 's tusa th' ann! Tha 'n taigh troimhe-chèile. 'S fheudar gur e mèirlich a tha air a bhith a' dèanamh cron ann an taigh Catrìona 's i air falbh san ospadal. Chan eil fios 'am dè ghoid

iad ach rinn iad rùrachd gu math mionaideach ga
iarraidh. Tha a h-uile rud a-mach às na preasan 's
às na dràthraichean ... chan eil mi cinnteach dè bu
chòir dhomh dhèanamh!"

"Bu chòir dhut am poileas fhaighinn," thuirt
Raibeart.

"Bu chòir, ach chan eil fios 'am fhathast dè
ghoid iad. Bhiodh e na b' fheàrr bruidhinn ri
Catrìona an toiseach a dh'fhaighinn a-mach
bhuaipe dè chaidh a ghoid agus a bheil beachd
aice cò rinn e, ach ... "

Dh'fhosgail Raibeart doras a' chàir agus leum e
a-mach gu sgiobalta.

"Ach tha do phiuthar san ospadal, a bheil? 'S an
taigh troimhe-cheile. Bu chòir dhut a dhol a
choimhead oirre. Nach eil sin annasach! Tha
agamsa ri dhol a dh'Inbhir Nis feasgar an dèidh
sia ma tha thu airson a dhol a dh'fhaicinn
Catrìona. Dh'fhaodadh tu sin a dhèanamh, 's an
uair sin gheibh sinn am poileas air an t-slighe
dhachaigh nuair a bhios fios nas fheàrr agad mun
chùis."

"Tapadh leat!" thuirt Eilidh gu taingeil. Ge b' e
dè na teagamhan a bh' aice mu Raibeart, bha e
math cuideigin eile bhith còmhla rithe.

"Agus an-dràsta fhèin," thuirt Raibeart gu
daingeann, "bho nach eil dòigh agad air
còcaireachd, nach tig thu dhachaigh còmhla
riumsa airson grèim bìdh mus tèid sinn a

dh'Inbhir Nis. Tha fhios gu bheil an t-acras ort 's cha dèan thu feum sam bith dhad phiuthar ma tha thu gu bhith leth-mharbh air do chasan."

Cha do dhiùlt Eilidh. Le mì-dhòigh cidsin Catrìona, cha bhiodh e furasda dad a dhèanamh fiu 's ged a bhiodh de lùths innte na smaoinicheadh air biadh.

Bha an taigh aig Raibeart pìos beag on bhaile. Bothan beag a bh' ann gun ach aon rùm mòr ann, le àite airson biadh a dheasachadh air an dàrna taobh agus leabaidh, deasg agus cathair mhòr air an taobh eile. Las Raibeart an teine sa mhionaid agus, mus robh am biadh deiseil, bha an rùm a' coimhead gu math cofhartail.

Shuidh Eilidh air ais a' smaointinn air a' ghnothach fhad 's a bha am biadh ga dheasachadh. Cò idir a bha air a bhith a' rùrach ann an taigh Catrìona? Carson? Cha robh mòran de ghnothaichean an t-saoghail aig Catrìona agus co-dhiù, cha bhiodh daoine a' glasadh an dorsan sa cheàrnaidh seo. Nan robh duine ag iarraidh rudeigin a bha aig Catrìona air iasad fhad 's a bha i air falbh, cha dèanadh iad ach a dhol a-steach ga iarraidh. Feumaidh gur e coigreach a rinn seo, ma-tha, agus mas e, 's cinnteach gum biodh e fada air falbh sìos rathad an A9 a-nis.

"Seo dhut. Brot teth. Cuiridh seo beagan smior nad chnàmhan a-rithist."

Shìn Raibeart bobhla brot agus dà shlis arain dhi agus mhothaich Eilidh an uair sin cho fuar 's a bha i a' faireachdainn.

"Tapadh leat." Fhad 's a bha i a' gabhail a' bhrot, choimhead Eilidh air deasg Raibeirt agus air na dùin mhòra pàipeir a bh' air.

"Tha thu air a bhith dèanamh tòrr rannsachaidh, ma-tha."

"Tha," thuirt Raibeart, "ach tha mi 'n dòchas gu bheil mi faisg air a bhith deiseil a-niste. Feumaidh e bhith deas co-dhiù ro àm na Càisge nuair a thig an luchd-turais agus a chailleas mi an taigh."

"An e sgeulachdan no òrain a tha thu a' cruinneachadh?" dh'fhaighnich Eilidh.

"An dà chuid. Thòisich mi le na h-òrain agus thàinig mi an uair sin air sgeulachdan an àite fhèin. Mar as trice, tha sgeulachd air cùl òrain."

"Mar an t-òran mun bhuachaille a chaidh air chall san t-sneachda air Druim Uachdair air an robh thu a' bruidhinn air an trèan."

"Dìreach ... "

Nuair a bha iad deiseil, chaidh iad a-steach dhan chàr gus an rathad a dhèanamh a dh'Inbhir Nis. Ged a bha e dorcha, bha gealach mhòr, bhàn ann agus bha an reothadh air an rathad a' deàrrsadh na solas.

Cha robh mòran còmhraidh eatarra air an t-slighe. Shaoil Eilidh sin neònach agus Raibeart air a bhith cho cabach air an trèan. Dh'fhaighnich i cò ris a bha e dol a choinneachadh ann an Inbhir Nis ach cha tuirt e ach rudeigin mu dhuine aig an robh fiosrachadh sònraichte dha agus thòisich e air bruidhinn air cuspair eadar-dhealaichte.

Bha Eilidh gu math sgìth an dèidh latha fada agus cha mhòr nach robh i na cadal nuair a thuirt Raibeart os àrd, "Seo sinn. An Rathaig Mhòr!" Chlisg Eilidh agus choimhead i a-mach air an uinneig. Bha togalach mòr an ospadail mu coinneimh.

"Sin an doras a-steach," thuirt Raibeart, ga shealltainn dhi le làimh. "Tillidh mi an seo an ceann uair a thìde."

Chaidh Eilidh a-steach agus ghabh i lioft chun an ùrlair far an robh *ward* Catrìona. Bha Catrìona ann an rùm leatha fhèin. Cha robh duine ga coimhead. Bha i na sìneadh air an leabaidh ach dhùisg i cho luath 's a dh'fhosgail Eilidh an doras.

"Eilidh! Taing do shealbh, tha thu air tighinn!" Thàinig coltas furtachd gu h-aodann.

Thòisich Eilidh air bruidhinn car aighearach mar as dual do dhuine ann an ospadal.

"Seadh a-nist, a Chatrìona! An deoch a bh'ort, an i, nuair a thachair an tubaist a bha seo?" Bha i a' gàireachdainn.

Cha robh fiù 's fiamh a' ghàire air aodann Catrìona.

"Dùin an doras gus an innis mi dhut."

Nuair a bha an doras dùinte, thòisich Catrìona air bruidhinn ann an guth ìosal, mar gu robh eagal oirre gun cluinneadh duine i.

"Cha b' e tubaist a bh' ann idir," thuirt i. "Tha cuideigin a' feuchainn rim mharbhadh!"

Cha b' urrainn do dh'Eilidh na faclan a bha i a' cluinntinn a chreidsinn.

"Ann an Dail Chuinnidh? Do mharbhadh? Tha thu às do chiall a Chatrìona! Cò is carson?"

"Eisd rium an toiseach, Eilidh, mus can thu g' eil mis' às mo chiall. Chan e adhbhar magaidh a th' ann idir. Bheil cuimhn' agad air Peigi Màiri Dhòmhnaill Nic a' Mhaoilein a tha a' fuireach aig Blàr an Fhuarain?"

"Tha."

"Bidh mise a' dol suas dhan taigh aice a h-uile seachdain airson a falt a dhèanamh. Tha i còrr air ceithir fichead a-nis agus is toigh leatha mi a dhol ann. Is toigh leatha cuideachd a bhith a' bruidhinn mu na làithean a dh'fhalbh. Tha cuimhne cho math aice 's gun saoileadh tu gur ann an-dè a bha i na caileig òig. Tha sgeulachdan aice cuideachd a fhuair i bho a seanmhair, agus òrain is bàrdachd, ged nach eil a guth cho làidir 's a bha e. Bidh i a' toirt leabhraichean dhomh airson an leughadh, seann leabhraichean Gàidhlig nach eil rim faotainn an-diugh."

"Seadh," ars Eilidh.   "Agus a bheil ceangal eadar Peigi 's do chas bhriste?"

"Tha mi 'm beachd gu bheil - fuirich mionaid! Bho chionn, can, mìos, dh'fhairich mi gu robh rudeigin ceàrr oirre. Cha robh i cho sona 's a b' àbhaist dhi bhith agus sguir i a bhruidhinn mu na seann làithean.   Dh'fhàs i an-fhoiseil agus draghail. Nuair a dh'fhaighnichinn dè bha ceàrr, theireadh i, 'Chan eil càil!' Cha robh fios 'am am bu chòir dhomh an dotair fhaighinn dhi.   Mu dheireadh thall, o chionn cola-deug, thuirt i gum b' fheàrr leatha mura bithinn a' dol ann. Bha i ceart comasach air a falt fhèin a chur air dòigh.

"Cha robh mi tuigsinn de bha ceàrr oirre idir. Bha mi dearbh chinnteach gum b' fheàrr leatha gum bithinn a' dol ann airson a falt a dhèanamh a dh'aindeoin 's na bha i ag ràdh. Mar sin, chaidh mi ann mar a b' àbhaist an t-seachdain seo chaidh. Bha eagal a beatha oirre nuair a chaidh mi a-steach. Bha an taigh aice gun sholas ged a bha e ceithir uairean feasgar agus dorcha mu thràth. Bha an teine gun a lasadh sa chagailte.

" 'Thalla! A-mach à seo!' thuirt i ann an guth gu math gealtach. 'Nach tuirt mi riut nach robh mi gad iarraidh?'

" 'Thubhairt, ach cha robh mi gur creidsinn,' fhreagair mi, agus dorcha is ged a bha e a-staigh, bha e soilleir gu leòr dhòmhsa nach robh i air a falt fhèin fiù 's a chìreadh. 'Chan fhalbh mi às an seo gun an teine a lasadh agus poit teatha a dhèanamh dhuibh ge b' e dè tha cur dragh oirbh. Agus a bharrachd air an sin, thig mi a h-uile latha bho seo a-mach gus an teine a lasadh, falt ann no às. Cha dèan e a' chùis idir a bhith gun teine an teis-meadhan a' gheamhraidh. Ach nan innseadh sibh dè tha ceàrr oirbh, dhèanainn mo dhìcheall cuideachadh a thoirt dhuibh, oir tha mi ag ionndrain an t-seann chrac nuair a bhiomaid ri sgeulachdan is òrain.'

"Sheas Peigi gu socair agus airson a' chiad uair, bha coltas na h-aoise oirre dhòmhsa.

" 'O Chatrìona,' thuirt i ann an guth ìosal, 'chan urrainn dhomh innse dhut dè tha cur dragh orm, ach tha mi a' guidhe ort gun a bhith a' tighinn air chèilidh orm gu bràth tuilleadh!' Bha deòir na sùilean, ach leig mi orm nach robh mi gam faicinn agus las mi an teine agus rinn mi an cupa teatha dhi.

"Bha am fòn a' seirm nuair a ràinig mi dhachaigh. Dùil agam gur e Peigi a bhiodh ann gus a ràdh rium mu dheireadh thall dè bha ceàrr oirre. Fhreagair mi sa bhad. 'S e guth mòr, garg fireannaich a bh' ann, ag ràdh, 'Na till faisg air taigh Peigi aig Blàr an Fhuarain no 's e murt a bhios ann gu cinnteach!' "

Stad Catriona. Bha uabhas agus mì-chinnt air aodann Eilidh a-nis 's i a' coimhead air a piuthar. "Chì mi," thuirt Catrìona, "nach eil fhios agad an gabh seo creidsinn. Tha thu smaointinn gu bheil mi às mo chiall. Airson greiseig cha mhòr nach robh mi fhìn a' smaointinn gu robh mi às mo chiall. Ach ge b' e dè eile a tha dhìth orm, chan e misneachd."

Dh'aontaich Eilidh ris an sin.

Lean Catrìona oirre.

"Chaidh mi a-mach an ath latha, mar a b' àbhaist. Rinn mi m' obair gu luath - bha ceithir taighean ri tadhal orra - 's air an t-slighe dhachaigh thionndaidh mi suas an rathad gu taigh Peigi airson tadhal oirre. Bha mi pìos air falbh on taigh aice sa bhan am beul na h-oidhche. Chunnaic mi nach robh ceò ag èirigh on t-similear aice agus bha mi cho trang a' coimhead air an sin 's nach do mhothaich mi gus an robh e glè fhaisg orm do chàr eile a' dol seachad orm agus an dràibhear a' tilgeil rudeigin a-mach air an uinneig romham. Bhuail mi ann agus spreadh an taidhr. Chaidh agam air stad san spot gun fios 'am dè bh' ann. Bha an càr eile a' tarraing air falbh aig astar agus, nuair a bha e air falbh, thàinig mi a-mach às a' chàr agus chunnaic mi gu robh ceudan de thàirngean air an rathad agus gu robh tè dhuibh air a dhol tron taidhr agam. Cha robh air ach a' chuibheall atharrachadh. Chuir mi a' bhan gu taobh an rathaid agus thòisich mi air a' chuibhill.

"Bha mi dìreach air tòiseachadh nuair a thàinig solas càir eile a-nuas an rathad. Chaidh mi a-mach a mheadhan an rathaid gus rabhadh a thoirt dhan dràibhear mu na tàirngean a bh' air an rathad agus an dòchas, feumaidh mi ràdh, gum faighinn beagan cuideachaidh. Sin dòigh nan daoine sa cheàrnaidh seo, mar a tha fhios agad - no sin mar a *bha* daoine, 's e bu chòir dhomh a ràdh, oir cha do stad an càr idir agus aig a' mhionaid mu dheireadh b' fheudar dhomh leum às a rathad dhan dìg. 'S e sin an rud mu dheireadh air a bheil cuimhn' agam gus an do dhùisg mi an seo san ospadal."

"Cò thug a-steach dhan ospadal thu, ma-tha?"

"'S e sin an rud as neònaiche buileach. Cha robh sgeul air duine sam bith. Ge b' e cò e no iad, chaidh m' fhàgail aig doras an ospadail gun bhrath a thoirt do dhuine sam bith a-staigh. Nuair a dh'innis mi dhan dotair dè thachair, chuir e fios air a' phoileas. Thàinig iadsan agus thuirt iad nach robh lorg air an tubaist idir. Chaidh iad thairis air an àite gu cùramach ach cha d' fhuair iad fiù 's aon tarrag air an rathad an sin. A bharrachd air an sin bha a' bhan agam aig cùl an taighe 's i le ceithir rothan slàn oirre agus fear spèidhear ùr sa chùl. Tha rudeigin olc a' dol air adhart gun teagamh ach cha robh na poilis gam chreidsinn, ged nach b' urrainn dhaibh innse ciamar a fhuair mi don ospadal le cas bhriste. 'S e sin as coireach gun do dh'fhòn mi thugad an-dè an dòchas gun creideadh tusa mi agus cuideachd gum faodadh tu fuasgladh na ceist fhaighinn."

Choimhead Eilidh airson ùine air a piuthar. An robh i às a ciall?

"Feumaidh mi aideachadh gun tàinig mi fhìn a bhruidhinn riut mu na poilis." Lean i oirre agus dh'innis i mun bhùrach a fhuair i aig an taigh nuair a ràinig i agus dh'fhaighnich i de Chatrìona an robh fios aice an robh dad ann a b' fhiach a ghoid.

"Chan eil, gu dearbh. Tha mi cinnteach à sin. Tha mi dhen bheachd gu bheil ceangal air choreigin eadar an tubaist agamsa agus a' mhèirle, mas e sin a bh' ann. Theirg chun nam poileas. 'S dòcha gun creid iad gu bheil rudeigin ceàrr sa bhaile nuair a chì iad am milleadh a rinneadh a-staigh."

"Thuirt Raibeart ... "

"... Raibeart ?   Chan eil thu a' ciallachadh Raibeart Donaldson ...?"

"Tha ... thachair mi ris air an trèan 's thug e lioft dhomh a-nuas an seo. Bha e uabhasach laghach nuair a chual' e na rinn na mèirlich, 's thug e biadh dhomh ..."

Stad i nuair a chunnaic i nach robh Catrìona toilichte idir.

"Chan eil thu dà mhionaid sa bhaile 's a tha an duin' ud a' faighinn grèim ort 's e feuchainn ri eòlas fhaighinn air a h-uile duine an Dail

Chuinnidh. Na cuir earbsa ann idir. 'S e coigreach a th' ann agus fad sheachdainean tha e air a bhith dol mun cuairt a' faighneachd cheistean neònach de dhaoine air na làithean a dh'fhalbh agus air muinntir an àite ceud bliadhna air ais. Bhiodh e shuas aig taigh Peigi cha mhòr a h-uile latha, agus rud eile, 's ann bho thàinig esan dhan bhaile a thòisich Peigi air fàs an-fhoiseil. Na can dad ris mu na h-amharasan a th' agamsa air na thachair dhomh. Leig ort gur e tubaist a-staigh a bh' ann, gun do thuit mi ris an staidhre. Am b' urrainn dhut fuireach anns a' bhaile latha no dhà?"

"B' urrainn, ach feumaidh mi fios a chur gu na h-ighnean san t-salon."

"Dh'fhaodadh tu an obair agamsa a dhèanamh - am baile a shiubhal nad ghruagaire - deagh chothrom airson faighinn a-mach dè tha dol. Dh'fhaodadh tu sùil a chumail cuideachd air Peigi. Tha eagal mòr orm a-nis gun tachair droch rud dhi."

CAIBIDEIL 3

Bha Eilidh a' beachdachadh air a' ghnothach 's i a' dol sìos san àrdachair. Thuirt i ri Catrìona gum fuiricheadh i ann an Dail Chuinnidh gus an tilleadh i às an ospadal agus gun dèanadh i cuairt na gruagaireachd anns a' bhaile sa bhan. Bha beagan eagail oirre gum feuchadh na daoine a rinn an cron air a piuthar an cuid chleasan oirrese cuideachd. Aon rud a bha cinnteach, b' e gu robh Catriona san àite a b' fheàrr gus am biodh an gnothach air a rèiteachadh.

Bha Raibeart ga feitheamh aig doras an ospadail.

"Ciamar a tha Catrìona, ma-tha?" dh'fhaighnich esan.

"Tha i math gu leòr an dèidh na thachair dhi."

"Is dè dìreach a bha sin ...?"

"Chan eil fios aig duine 's chan eil cuimhn' aicese. A rèir coltais thuit i sìos an staidhre, ach chaidh a h-uile rud às a cuimhne leis a' phian a bh' oirre."

Bha i taingeil gu robh Raibeart riaraichte leis an sin.

"Cuin a bhios i a' tilleadh dhachaigh?"

Chlisg Eilidh. Carson a dh'fhaighnich e sin? Cha robh fios aice co-dhiù oir bha i fhèin 's Catrìona air a bhith cho trang a' bruidhinn air a h-uile dad eile 's nach do bhruidhinn iad air an sin. Bhiodh latha no dhà ann fhathast co-dhiù, ach nach tuirt Catrìona gun a bhith a' cur earbsa ann an Raibeart.

"Chan eil fios cinnteach aig na dotairean fhathast."

Sheall Raibeart oirre gu neònach. Dh'fhairich i i fhèin a' fàs dearg na h-aodann. Cha robh i riamh math air breugan innse agus bha i a' faireachdainn cuideachd gu robh Raibeart mòran nas laghaiche na bha Catrìona a' cumail a-mach.

"Co-dhiù. Bheir mi fios chun nam poileas mu na mèirlich. Am b' urrainn dhut stad aig Bail' Ur an t-Slèibhe gus an innis mi dhaibh mar a thachair?"

"B' urrainn gu dearbh," thuirt Raibeart. Dh'fhàs Eilidh frionasach 's i ga fhaireachdainn a' toirt sùil eile oirre, 's bha na dh'innis Catrìona dhi na bu tràithe a' dol mun cuairt 's mun cuairt na ceann fad na slighe dhachaigh.

"Nach tu tha sàmhach!" thuirt Raibeart.

"Tha mi sgìth. Sin uile," thuirt i, 's dhùin i a sùilean, a' leigeil oirre gu robh i na cadal. Dè mas e an duine a bha a' dràibheadh an dearbh dhuine a dh'fheuch ri a piuthar a mharbhadh! Dà latha bho thachair an 'tubaist' - dà latha bho dh'fhàg

Raibeart airson Lunnainn - mas e an fhìrinn a bh' aige.

Stad iad aig stèisean-poilis Bhail' Ur an t-Slèibhe agus chaidh Eilidh a-steach. Cha robh am poileasman trang idir, agus anmoch 's gu robh e, bha e toilichte gu leòr rudeigin fhaighinn ri dhèanamh air oidhche fhuar geamhraidh. Thuirt e gur e Constabal MacPhàil an t-ainm a bh' air agus gun leanadh e anns a' chàr aige fhèin iad.

Bha i a' cur an t-sneachda nuair a ràinig iad Dail Chuinnidh agus stad Raibeart taobh a-muigh taigh Catrìona agus am poileasman air an cùlaibh. Cha robh solas ri fhaicinn ged a bha beachd aig Eilidh nach do chuir i dheth iad. Chaidh i a-steach dhan taigh is Raibeart agus am poileasman ga leantainn. Chuir i air an solas taobh a-staigh an dorais. Ach 's gann gun creideadh Eilidh a sùilean nuair a choimhead i mun cuairt! Cha robh càil às àite fhèin! Bha gach nì rèidh. Ruith Eilidh dhan chidsin 's an uair sin suas an staidhre. Bha na rumannan air fad air an sgioblachadh!

Bha Eilidh na tosd. Bha an triùir aca balbh. Thug am poileasman a-mach a leabhar dubh.

"Is e seo an taigh aig Catrìona Nic a' Phearsain, nach e?" thuirt e gu mall, an guth còrdaidh a' fàs cruaidh, fuar, "a bhris a cas an latha roimhe gun fhios ciamar agus *nonsense* eile aice mu thubaist rathaid nach robh riamh ann."

"Seo an taigh aice, gu dearbh," thuirt Eilidh.

"Agus a bheil sibhse càirdeach dhi?"

" 'S mi a piuthar," fhreagair Eilidh.

Sgrìobh am poileasman rudeigin eile na leabhar.

" 'Eil fhios agaibh gu bheil laghan ann an aghaidh a bhith a' caitheamh ùine a' phoilis gun fheum?"

" 'S e 'n fhìrinn a th' agam," thuirt Eilidh. "Bha a h-uile sìon san taigh troimhe-chèile, air an slaodadh a-mach às na preasan 's às na dràthraichean 's air an tilgeil air an ùrlar. 'S e 'n fhirinn a th' ann! Chan eil mi ga thuigsinn," thuirt i.

Sgrìobh am poileasman na leabhar a-rithist 's sheall e air Eilidh gu math cruaidh.

"Feumaidh mi falbh a-nis. Ma thig dad eile gu ur cuimhne, tha fios agaibh far a bheil mi. Beannachd leibh."

Sheas Eilidh an teis-meadhan an rùim. Bha Raibeart ga dlùth-choimhead.

"Chan eil thusa gam chreidsinn nas motha," thuirt i, "a bheil?"

"Nis, Eilidh. Bha thu ag ràdh na bu tràithe gu robh thu sgìth. Bidh e coltach nach robh thu a' faicinn ceart an turas mu dheireadh. Cha robh riamh mèirleach ann a thilleadh a sgioblachadh às a dhèidh. Rud eile - dè bha sin mu thubaist rathaid? Nach tuirt thu rium gun do thuit Catrìona a-nuas an staidhre?"

Bha Catrìona ceart. Bha eanchainn uabhasach gheur aig an duine seo. Bha barrachd fios aige air a' ghnothach na bha e a' leigeil air.

"Tha mi duilich ach chan eil cuimhne cheart aig Catrìona air an tubaist. Bha ise ag ràdh gur e tubaist rathaid a bh' ann, ach seach nach d' fhuair am poileas lorg air an tubaist, bha iad dhen bheachd gun do thuit i a-staigh. Riaraichte?" Bha i sgìth 's bha i a' fàs searbh 's i gun tuigse air dè bha dol.

Thug Raibeart sùil iomagaineach oirre.

"Am bi thu ceart gu leòr nad aonar no a bheil thu ag iarraidh duine a dh'fhanas còmhla riut a-nochd?"

"Chan eil, tapadh leat." Cha mhòr nach robh i a' sgreuchail. Cha robh i cho mòr sin às a rian! An robh e smaointinn gum faigheadh e a-steach cho luath sin oirre agus gun fhios aice dè an cron a bha na inntinn? Bha ceist no dhà aice nach d' fhuair i cothrom fhaighneachd dhà a-nochd ach bhiodh a- màireach tràth gu leòr air an son. Carson a thàinig Raibeart seachad air taigh Catrìona nuair a thàinig e? An robh e ag obair còmhla ri na mèirlich, a' toirt cothrom dhaibh an taigh a sgioblachadh 's i fhèin ann an Inbhir Nis? Carson gu dearbh nach tàinig esan a-steach sa chiad àite a choimhead air mar a bha rudan nuair a thuirt i gu robh mèirlich air a bhith ann - gus nach biodh dearbhadh aig a' phoileas? Aon rud a bha cinnteach - cha chuireadh i a h-earbsa ann an Raibeart gu bràth agus gu dearbh, aig an ìre sa, cha chuireadh i earbsa ann an duine sam bith.

Nuair a dh'fhalbh Raibeart, ghlas i na dorsan - rud nach robh i air a dhèanamh riamh na beatha san taigh sin.

"Chan eil sgioblachadh agam ri dhèanamh mus tèid mi laighe, sin aon rud!" thuirt i rithe fhèin 's rinn i gàire fann. Bha barrachd sgìths na iomagain oirre agus, cho luath 's a fhuair i dhan leabaidh, thuit i na cadal.

Dhùisg Eilidh gu math tràth an ath mhadainn, agus nuair a sheall i a-mach chunnaic i gu robh an t-adhar gu math trom. Bha sgòthan glasa, dorcha os cionn nam beann is coltas tuilleadh sneachd' orra. Bidh e fuar an-diugh co-dhiù, thuirt i rithe fhèin. Chuimhnich i air mar a dh'innis Catrìona dhi mu thaigh Peigi a bhith gun tuar, gun teine air latha fuar. Rachadh i suas ga faicinn 's lasadh i an teine dhi.

Nuair a chaidh i a-mach chun na bhan a bha aig cùl an taighe, thàinig a nàbaidh, bodach beag beòthail, a-mach an doras-cùil aige fhèin a bhruidhinn rithe. Chuir e iongnadh air a faicinn an sin agus iongnadh nas motha nuair a chual' e gu robh Catrìona san ospadal le cas bhriste.

"Mo nàire nach robh fhios againn feuch am faodamaid a bhith air a cuideachadh!" thuirt e.

"Chan eil i cho dona sin, Uilleim, agus tha dùil agam gum bi i a' tilleadh ann an ùine nach bi fada." "Chunnaic sinn na solais air a-raoir nuair a thill sinn bho mo bhràthair-chèile, ach on a bha càr eile aig an doras bha sinn a' smaointinn gu robh daoine a' cèilidh air Catrìona 's cha deach sinn a choimhead oirre."

Càr eile aig an doras! "Bha mi ceart, ma-tha!" smaoinich Eilidh rithe fhèin. "Chan eil mi às mo chiall idir. Bha daoine a-staigh a-raoir nuair a bha mi aig an ospadal."

"Bheil cuimhn' agaibh dè an seòrsa càir a bh' ann, Uilleim?"

"Chan eil càil a dh'fhios 'am. Bha e dorcha. Co-dhiù, an robh fios idir agad? Nach e ur càirdean fhèin a bh' ann?"

Cha tuirt Eilidh an còrr. Nach tuirt Catrìona gun a bhith a' cur earbsa ann an duine sam bith.

Chaidh i sa bhan gu taigh Peigi an toiseach. Nuair a bha i pìos air falbh, mhothaich i gu robh ceò ag èirigh às an t-similear. Chaidh i a-steach. Bha teine math sa chagailte.

"A Pheigi! A bheil sibh a-staigh?"

"Cò tha sin? 'N e Catrìona?" thàinig guth bhon chidsin.

"Chan i. Eilidh a th' ann. Ciamar a tha sibh na làithean seo?" Thàinig Peigi a-staigh dhan rùm.

"Is tusa th' ann, Eilidh. Bha dùil agam ri Catrìona. Thuirt i gum biodh i ann a h-uile latha agus 's e seo a-nis an treas latha nach tàinig i. Bheil dad ceàrr oirre?"

"Thuit i sìos an staidhre agus bhris i a cas." Cha robh feum a bhith a' cur dragh air a' chaillich. "Chan eil i cho dona sin agus bidh i air ais a dh'aithgheàrr."

"Taing do shealbh." Sheall Peigi mun cuairt, a h-aodann làn iomagain, mar gu robh beachd aice, cha mhòr, gu robh cuideigin am falach air cùl nan cùirtearan no fon t-sòfa. "Shaoil mi gu robh rudeigin air èirigh dhi. Chan innis mi carson, ach bha eagal orm, eagal mòr. Chan eil fios 'am dè tha dol anns a' bhaile seo an-dràsta, Eilidh, ach tha droch fhaireachdainn agam gu bheil rudeigin dona ann agus rudeigin nas miosa ri tachairt."

Sheall Eilidh oirre. Boireannach beag, crùbach - an dùil an robh an dà-shealladh aice?

CAIBIDEIL 4

Ged a bu mhath le Eilidh fiosrachadh fhaighinn air na bha air cùl faclan Peigi, cha robh i airson cus a ràdh air eagal 's gun tomhaiseadh a' chailleach gu robh rudeigin ceàrr air Catrìona. Shuidh i. 'S lean an tèile oirre.

"Bha mi car cruaidh air Catrìona nuair a bha i air chèilidh orm an turas mu dheireadh leis an eagal a bh' orm, eagal uabhasach ..." Stad i greiseag mar nach robh i cinnteach an leanadh i oirre no nach leanadh. "Tha olc mòr sa bhaile seo an-dràsta. Bidh droch dhuine air choreigin a' fònadh thugam, a' bagairt orm ... "

"A' bagairt oirbh … air a' fòn?" dh'fheòraich Eilidh. "Thachair an aon rud do Chatrìona! Guth fireannaich a bh' ann, a' cleith a ghuth le neapraig ..."

"Sin an dearbh dhuine a bhios a' fònadh thugamsa," thuirt Peigi, " 's tha eagal mòr, mòr nam chridhe."

"Ach carson, a Pheigi, carson?"

"Deagh cheist, a ghràidh. Chan eil ann ach ceistean na làithean seo. Raibeart … a bheil thu eòlach airsan? … a' tighinn a h-uile latha a' faighneachd cò bha fuireach sa bhaile seo o chionn ceud gu leth bliadhna. Cò bha san Taigh Mhòr an uair sin. Agus Alasdair, am fear as leis an Taigh Mòr, a' faighneachd dè tha fa-near de Raibeart le a cheistean agus dè bha mi ag innse dha. Aig Dia tha fhios de tha fa-near dhaibh," agus choimhead i air a' Bhìoball mhòr a bha thall air a' phreasa. "Chan eil fios air an sin ach aig a' Chruithfhear." Thàinig snodha gu h-obann gu h-aodann. "Co-dhiù, chaidh agam air cuid dhe na ceistean a sheachnadh."

"Sheachain sibh iad? Bha fios agaibh ma-tha air freagairtean nan ceist ach dhiùlt sibh an innse?"

"Canaidh mi gu bheil amharas agam nan togadh na freagairtean sin an ceann gun tigeadh droch latha air a' bhaile." Thug i sùil luath air Eilidh. "Cha chan mi an còrr. 'S dòcha gun tuirt mi cus mu thràth. Na can thusa ri duine sam bith na chuala tu an seo."

Chrath Eilidh a ceann. Bu toigh leatha Peigi. Ged a bha beatha chruaidh air a bhith aice, cha robh i riamh brònach no ìosal.

"Nise," thuirt Eilidh airson rud nas aighearaiche a ràdha, "is mise ur gruagaire an-diugh. An toir mi dhuibh *perm* uaireigin?" Rinn Peigi beagan gàire.

"Cha robh *perm* riamh agam nam bheatha - an tigeadh e rium, an saoileadh tu?"

"Cha mholainn e mura tigeadh," fhreagair Eilidh gu sunndach. "Thig mi nall latha air choreigin son a dhèanamh. Tha mi a' dol a dhèanamh às an- dràsta; tha am falt aig Ealasaid Begg agam ri dhèanamh - màthair fear an Taighe Mhòir. Ciamar a tha iad thall an sin co-dhiù, a Pheigi? Chan eil mi eòlach orra. Cha robh iad ann nuair a dh'fhàg mi am baile o chionn sia bliadhna."

"Tha iad math gu leòr, saoilidh mi. Tha fios agad gur i Ealasaid piuthar-chèile na tè aig an robh an Taigh Mòr ... "

"Iseabail! Tha cuimhn' 'am oirre. 'S ise a phòs Anndra Begg. Cha bu toigh leatha clann riamh. Tha cuimhn' am air sin nuair a bha mi òg."

"Bidh fios agad gun do chaochail an dithis aca o chionn còig bliadhna ann an tubaist rathaid agus, o nach robh clann acasan, 's e mac bràthair Anndra, Alasdair, a fhuair an oighreachd."

"Chuala mi sin bho Chatrìona aig an àm. Ciamar a tha an duine ... ?"

"Tachraidh tu ris an-diugh fhèin ma bhios tu shuas aig an Taigh Mhòr a' dèanamh falt Ealasaid. Tha e glè dhlùth ri a mhàthair."

"Bheil teaghlach aige?"

Rinn Peigi gàire beag. "Chan eil, ged a bu mhath leis gu robh! Tha e deich air fhichead a-nis agus b' fheàrr leis gu robh oighre ann dhan oighreachd a leanadh e. Tha e air iomadh boireannach òg a thoirt dhachaigh ach cha phòsadh gin ac' e!"

Rinn Eilidh suas chun an Taighe Mhòir. Cha robh e fada air falbh. Bha an taigh fhèin bhon taobh a-muigh dìreach mar a bha cuimhn' aic' air - glas, sàmhach, gun fhuaim chloinne mun cuairt air, mar a bha e riamh 's i òg. Bhiodh iadsan a' dol seachad air an Taigh Mhòr nan deann-ruith an uair sin, eagal orra gun tigeadh Iseabail a-mach, agus fios aca uile cho fiadhaich 's a bha i ri cloinn. Bha Eilidh taingeil a-nis gu robh deagh leisgeul aice airson a dhol a-steach.

Shlaod i an clag air ursainn an dorais mhòir. Chual' i e a' seirm am broinn an taighe. Thàinig boireannach chun an dorais. Dh'aithnich Eilidh i sa mhionaid.

"A Mhairead!" dh'eigh i. "Cha robh fios 'am gu robh thusa 'g obair an seo. Bha mi bruidhinn ri Uilleam sa mhadainn an-diugh 's cha tuirt e guth!"

Bha Mairead toilichte a faicinn.

"Sin agad na fir! Buileach gun fheum!" Ach bha i gàireachdainn. " 'S fhada bho thàinig mi an seo! Cuin a bha thusa sa bhaile mu dheireadh, a shrainnseir?"

"Am bi thu 'g obair an seo a h-uile latha?"

"Cha bhi ach trì latha san t-seachdain. Tha sin gu leòr dhòmhsa. Bheil Catrìona còmhla riut? Tha Mrs Begg ga feitheamh."

Dh'innis Eilidh dhi mu Chatrìona. Bha Mairead air a maslachadh. "Seo sinne nar nàbaidhean aice 's cha robh fios againn idir gu robh tubaist aice! Dh'fhaodamaide coimhead às a dèidh nuair a thilleas i às an ospadal. Cha ruigeadh tu a leas a bhith air tighinn a-nuas à Bearaig a Tuath."

"Bha mi airson tighinn," thuirt Eilidh gun innse do Mhairead an t-eagal a bh' air Catrìona gu robh duineigin a' feuchainn ri a marbhadh. "Is fhad 's a tha mi ann bidh mi a' dèanamh na h-obrach aice. Tha mi 'n dòchas gum bi sin ceart gu leòr le Mrs Begg."

"Tha is mise!" thuirt Mairead. "Tha i ann an droch shunnd an-diugh. Co-dhiù, thig a-steach!"

Chaidh Mairead air thoiseach oirre gus an d' ràinig iad rùm mòr. Bha boireannach na suidhe ri taobh na h-uinneige. Bha i a' pèantadh bobhla. Thionndaidh i nuair a thàinig Eilidh a-staigh.

"Seo Eilidh, piuthair Catrìona," thuirt Mairead.

Cha robh Mrs Begg air a dòigh.

"Càit a bheil Catrìona, ma-tha?"

"Tha i tinn, tha mi duilich."

"Agus a bheil thusa nad ghruagaire?"

"Gu dearbh, tha! Bha mi nam ghruagaire agus Catrìona fhathast san sgoil!" Cha b' ann tric a bhruidhneadh duine ri Eilidh ann an dòigh cho sgaiteach siud agus cha mhòr nach do dh'fhalbh i dhachaigh san spot. Ach chuimhnich i gu robh i airson faighinn a-mach dè a' chealgaireachd a bha dol sa bhaile agus ciamar a thachair tubaist Catrìona. Chunnaic i gu robh bobhlaichean de gach seòrsa air a h-uile taobh. Mhothaich Ealasaid Begg gu robh i a' coimhead orra.

"Mi fhìn a rinn iad. 'S toigh leam a bhith dèanamh bhobhlaichean."

Thòisich Eilidh air an stuth a thoirt a-mach às a màileid - cìr, siosar, searbhadairean, tiormadair agus na rudan eile a bha feumail airson *set* a dhèanamh air falt. Bha Mrs Begg beagan na bu shunndaiche nuair a chunnaic i an stuth àbhaisteach a' nochdadh, ach ma bha dùil aig Eilidh gum bruidhneadh i mu dheidhinn na bha dol anns a' bhaile, bha i fada, fada ceàrr.

"Tha mi direach air tighinn à taigh Peigi Nic a' Mhaoilein," thòisich Eilidh. "Nach i tha mìorbhaileach dha h-aois! Fhathast na taigh fhèin agus a cuimhne cho math agus a bha i riamh."

Bha falt Mrs Begg air a nighe a-nis 's chuir i searbhadair mòr air a ceann. Thàinig guth dranndanach à broinn an t-searbhadair.

"Chan eil cuimhne mhath aice idir! Tha mo mhac Alasdair air a bhith a' rannsachadh eachdraidh Dhail Chuinnidh agus fhuair esan a-mach iomadh rud far an deach cuimhne a' bhoireannaich sin ceàrr."

"O! A bheil ùidh aig do mhac ann an eachdraidh na sgìre?"

"Tha an-dràsta - bho thàinig e a-nuas ... co-dhiù bho thàinig an duin' ud, Raibeart Donaldson … Raibeart Rannsachaidh mar a chanas iad ris ... dhan bhaile." 'S gann gun canadh i an t-ainm leis cho searbh 's a bha i dheth. "Thòisich an duine sin air sgeulachdan na sgìre a chruinneachadh - gu sònraichte bho Pheigi Nic a' Mhaoilein - agus 's e sin a chuir am beachd Alasdair eachdraidh na sgìre a chruinneachadh cuideachd gus gum biodh i ceart aig na daoine mus fhaigheadh am blaigeard ud cothrom breugan na caillich a sgaoileadh."

Bha Eilidh trang a' cur dhualan na falt ach stad i greis 's i a' labhairt ris an sgàthan.

"Ciamar a tha fios aige gur e breugan a th' ann?"

Fhreagair Ealasaid ris an sgàthan.

"Bhon rannsachadh aige fhèin," fhreagair i. "Chan eil e pòsda - fhathast - agus mar sin tha tòrr ùine aige airson a leithid de rud a dhèanamh."

Shaoil Eilidh gun do dhùisg am facal 'pòsda' rudeigin ann an cuimhne na tèile, oir leis an ath anail thuirt i, "Nach fhan thu airson grèim bìdh còmhla rinn?   Bidh Alasdair a-staigh a dh'aithghearr."

Cha robh dòigh fhurasta faighinn às ged nach b' e cuireadh ceart a bh' ann. Co-dhiù, bhiodh e math coinneachadh ris an duine a dh'fhaighinn a-mach cò ris a bha e coltach agus a bheachdachadh an robh ceangal eadar e fhèin agus tubaist Catrìona. Cha do shaoil i gum bitheadh, ach nach tuirt Catrìona rithe gun earbsa a chur ann an duine sam bith.

Bha falt Ealasaid deiseil aig meadhan-latha. Bha Eilidh toilichte leis an obair a rinn i oirre agus a falt cho tana. Ach cha tuirt Ealasaid Begg ach "Nì e an gnothach."

Bha Eilidh coma. Chuireadh i suas ris a leithid an-dràsta air sgàth Catrìona, ach nuair a rachadh adhbhar na tubaist fhuasgladh ... bhiodh fios aig a' bhoireannach seo an uair sin cho mì-chàilear 's a bha i ri Eilidh. Gu dearbha, bhitheadh.

Dh'fhosgail an doras agus thàinig duine a-steach. Feumaidh gur e seo Alasdair.

"Feasgar math dhuibh!"

Duine mòr, àrd. Cha do ghabh e ach trì ceumannan 's bha e air taobh thall an rùm a' pògadh gruaidh a mhàthar. Thionndaidh e ri Eilidh, fiamh air aodann. Duine cho calg-dhìreach an aghaidh dreach is nàdar a mhàthar cha robh Eilidh riamh air fhaicinn.

"Cò am boireannach òg, brèagha tha againn an seo?"

"Sin Eilidh, piuthar Catrìona," thuirt Ealasaid. "Tha Catrìona tinn. Ach gu fortanach tha Eilidh cuideachd na bana-bhorbair 's tha i dìreach air m' fhalt a dhèanamh. Dè do bheachd, a ghràidh?"

Thug e sùil luath oirre 's thionndaidh e air ais gu Eilidh.

"Ged a tha Catrìona bòidheach, 's tusa as bòidhche!" thuirt e ann an guth socair. "Tha mi toilichte gun tàinig thu ge bith dè tha a' bacadh do pheathar. Am bi thu an seo fada?"

"Gu 'm bi Catrìona slàn fallain a-rithist," fhreagair i gun a sùilean a thoirt air falbh bho na sùilean donna, domhainn sin. Fad mionaid, mionaid a-mhàin, bha i a' beachdachadh an cuireadh i suas ris a' chaillich air sgàth Alasdair! Ach dh'fhairich i a h-aodann a' fàs blàth an uair sin 's thòisich i air an stuth aice a chur air ais dhan mhàileid.

"Cuidichidh mi thu leis an stuth sin," thuirt Alasdair, a' togail an tiormadair 's ga thoirt a-null thuice. Chuir e dhan mhàileid e. Thionndaidh ise air falbh ach dh'fhairich i a phearsa cho làidir air a cùlaibh is thuig i gu robh fios aigesan air an sin. Bha e dìreach mar laoch à film faileasach, miorbhaileach air choreigin. Carson nach robh a leithid de dhuine pòsda? ... a mhàthair ...?

"Bidh Eilidh a' gabhail biadh còmhla rinn an-diugh," thuirt Ealasaid ri a mac. "Innsidh mi do Mhairead!" 'S dh'fhalbh i.

Cho luath 's a dh'fhàg i an rùm dh'èirich balla eadar an dithis eile. Thòisich Alasdair air na ceistean modhail anns nach robh sùim aige roimhe. Cuin a thàinig i? Càit an robh i a' fuireach? Càit an robh i ag obair? Thug Eilidh na freagairtean modhail dhàsan gus an do thill a mhàthair 's an robh ise a' stiùireadh a' chòmhraidh a-rithist. Chaidh iad dhan rùm bìdh 's shuidh iad sìos gu an dìnnear.

Thòisich an dithis bhon Taigh Mhòr air a ceasnachadh. An robh Eilidh toilichte a bhith air ais ann am baile a h-àraich?

O, bha. B' e Dail Chuinnidh a 'dachaigh', 's sin mar a chitheadh i e gu bràth.

Robh i 'g aithneachadh nan daoine fhathast?

Uill, cha robh i buileach cinnteach a chionn 's gu robh i air ùr-thilleadh, ach bhiodh i eòlach air tòrr dhe na seann daoine 's bha i air tachairt ri Raibeart Donaldson, gu dearbh, air an trèana.

Thàinig atharrachadh air a' chòmhradh leis an ainm sin mar a thig gaoth chruaidh, fhuar air oidhche geamhraidh a dh'fhàgas sneachda na dèidh.

"Raibeart Rannsachaidh!" thuirt Alasdair gu mall, sòlaimichte. "An duine neònach sin. Chan eil fios agam gu dè tha e ris ach tha amharas agam nach e rud math a th' ann idir. Bidh e a' dol mun cuairt a' bhaile mar nathair a' snàigeadh a-steach dha na taighean, a' faighneachd cheistean de na seann daoine ... "

" ... 's a' cur iomagain orra, saoilidh mi," thuirt Mrs Begg.

Dh'fhan Eilidh sàmhach. Cha bu toigh le Catrìona Raibeart na bu mhotha 's bha rudeigin mu dheidhinn a bha a' cur dragh air Peigi

43

cuideachd. Ged nach do rinn e dad a dh'fhàgadh i fhèin na aghaidh buileach, 's dòcha gu robh iad uile ceart agus gum bu chòir dhi a sheachnadh. Ach dh'fheuch i ri dhìon.

"Och, chan eil e ach a' cruinneachadh sgeulachdan is òran."

"Sin a bhios e 'g ràdh," thuirt Alasdair mar nach robh e ga chreidsinn air chor sam bith, "ach tha fios agamsa nach e sin an fhìrinn idir." Thàinig tionndadh na bu toilichte air a' chòmhradh gu h-obann. "Ach co-dhiù, na gabh dragh, Eilidh, mu na rudan sin. Chan fhada gu 'm bi thu air falbh a-rithist agus sinne air ar fàgail nar saoghal neònach fhèin."

Choimhead Eilidh air gun dad a ràdh fad mhionaid ach bha i a' smaoineachadh rithe fhèin, "An saoghal agadsa? Cha bhi am baile seo na dhachaigh dhut gu bràth. 'S e seo an dachaigh agamsa - seo far an do chuir mi seachad a' chiad latha dhem bheatha agus bliadhnaichean cho sona 's a bh' agam riamh. Seo dùthaich mo shinnsearan bho thùs. Ge b' e càit am bi mi san t-saoghal bidh pàirt dhiom ann an seo gu bràth siorraidh. Chan fhairich thusa gu bràth an seo oir chan eil faireachadh an àite agad … cha bhuin thu dhan bhaile seo ann ..." Chuala i duine a' bruidhinn 's chlisg i às a smaointean.

"Tha mi duilich. Bha thu 'g ràdh, Alasdair?"

"Thuirt mi gu robh mi 'n dòchas gum bi Catrìona air ais cho luath 's a ghabhas. Cuin tha dùil rithe?"

"Latha no dhà eile, 's dòcha," fhreagair Eilidh. Cha robh i airson cus a ràdh gus am biodh barrachd fios aice air a' ghnothach. Mura tàinig na cealgairean a rinn cron air Catrìona bhochd bho thaobh a-muigh a' bhaile, 's fheudar gum buineadh iad dhan bhaile fhèin. Bha tòrr aice ri fhaighinn a-mach.

"Feumaidh mi falbh," thuirt i, eagal oirre coimhead air an dithis eile mus tuigeadh iad gu robh rudeigin ceàrr.

Chaidh Alasdair a-mach chun na bhan leis a' bhaga aice.

"An tigeadh tu a choiseachd còmhla rium feasgar an-diugh," dh'fhaighnich e, "mus tig an sneachda?"

"Chòrdadh sin glè mhath rium," fhreagair Eilidh. " 'S fìor thoigh leam a bhith a' coiseachd. Bidh mi gu tric a' coiseachd ma bhios iomagain sam bith orm."

"Ach thigeadh tu gun iomagain ort?"

" 'S mi a thigeadh!" Bha i a' gàireachdainn ach bha fios aice gum biodh iomagain oirre a dh'aindeoin sin. Nuair a bha i a' dràibheadh air falbh, labhair i os àrd ris a' chàr, "Cùm do smaointean air tubaist Catrìona agad fhèin, Eilidh! Ach nach ann an siud a tha am pìos!"

CAIBIDEIL 5

Bha Alasdair aig doras an taighe leis an Range Rover ann an leth-uair a thìde. Bha Eilidh ga fheitheamh 's i leigeil oirre nach robh.

"Bheil thu 'g iarraidh cofaidh?" dh'fhaighnich i. "Chan eil mi buileach deiseil fhathast."

Thàinig e a-steach agus shuidh e air an t-sòfa 's sheall e mun cuairt.

"Taigh snog," thuirt e, "agus e air a rèiteach cho dòigheil!"

Choimhead Eilidh air gu dlùth. An robh e a' tarraing aiste? An robh fios aige air a' bhùrach a bh' ann a' bhòn-raoir no an robh e dìreach ag amas air dè an seòrsa bean-taighe a bh' innte?

"Seach gum bi mi 'g obair air falbh on taigh tron latha, chan eil mòran feum air sgioblachadh ann." Agus stiùir i an còmhradh gu cuspair na bu shàbhailte. "Am bi sneachda ann an-diugh fhathast, saoil?"

" 'S e sin coltas a th' oirre, ach cò aig' tha fios. Bha mise a' smaointinn gum biodh stoirm mhòr ann o chionn latha no dhà ach cha tàinig i fhathast. Tha sgòthan dorcha, troma os cionn nam beanntan gun teagamh."

"Tughaidh mi mi fhìn gu math, ma-tha. Seo cofaidh dhut. Cha bhi mi fada."

Nuair a thill i dhan rùm bha Alasdair na sheasamh mu choinneimh nan sgeilpichean a' leughadh leabhar bàrdachd.

"A bheil ùidh agad ann am bàrdachd?" dh'fhaighnich i.

"Tha. Ach tha ùidh agam ann an rud sam bith a bhuineas dhan sgìre. Tha mi a' rannsachadh eachdraidh a' bhaile, mar a tha fhios agad. Bheil ùidh aig do phiuthar ann am bàrdachd?"

"Gu dearbha, tha! Tha ùidh aig an dithis againn innte. Bha m' athair agus mo sheanair nam bàird. Rinneadh an t-uabhas bàrdachd san sgìre. Tha i nas fheàrr a cluinntinn air a h-aithris, ged nach eil mòran air fhàgail sa bhaile seo aig a bheil cuimhn' air a' bhàrdachd ionadail. 'S i Peigi an tè as fheàrr sa bhaile air bàrdachd aithris ... ach tha fios agad air sin mu thràth, nach eil? Bheir Peigi do dhuine sam bith an t-eòlas a th' aice. Co-dhiù, tha mi deiseil a-nis, 's nach fhalbh sinn? Càit a bheil sinn a dol?"

"Thèid sinn pìos beag sìos an rathad san *jeep* 's an uair sin nì sinn beagan coiseachd 's seallaidh mi dhut an t-àite as fheàrr leam air an t-saoghal."

Bha e blàth, cofhartail san Range Rover ach 's gann a bha iad air falbh nuair a stad iad. Bha e fuar reòthta a-muigh, grian a' gheamhraidh a' deàrrsadh gu fann os cionn nam beann. An Torc

Bhàideanaich agus Muc Athaill mar fhuamhairean mòra nan cadal ri taobh an rathaid am Bealach Dhruim Uachdair, gun fhios cuin a dhùisgeadh iad.

"A bheil an t-àite seo fad' air falbh?"

Bha eagal oirre gum biodh i air a lathadh leis an fhuachd mus ruigeadh iad.

"An cuala tu riamh an sgeulachd mun bhuachaille a bhàsaich san t-sneachda?" dh'fhaighnich Alasdair.

"Chuala gu dearbh, 's tha mi eòlach air an òran a rinn a leannan. Sgeulachd gu math brònach a th' ann."

"Uill, bidh mi a' leigeil orm gur e an t-àite a sheallas mi dhut an t-àite san do bhàsaich e. Bidh mi a' tadhal air gu tric sa gheamhradh a' smaointinn ciamar a dh'fhaodadh a leithid de rud tachairt."

Shuath Eilidh a làmhan ri chèile gus am blàthachadh. Bha amharas aice càit an robh iad a' dol, oir bha i eòlach air fuaran a bha faisg air làimh far am biodh iad a' cluich 's i òg.

"Chan eil mi smaointinn gu bheil fuaran an òrain cho faisg air a' bhaile, gur ann a tha e nas fhaisg' air Druim Uachdair fhèin. Bidh fios aig Peigi."

"Chan eil e gu deifir. 'S toigh leam a bhith leigeil orm gur e seo an t-àite 's gum faic mi nam inntinn corp a' bhuachaille san t-sneachda."

Chuir e iongnadh air Eilidh gum faodadh àite far an tàinig bàs cho brònach a bhith cho tarraingeach do dhuine.

Thòisich iad air coiseachd ri taobh an rathaid airson greiseig, 's an uair sin, thug iad ceum sìos am measg an fhraoich. Bha a' ghaoth cho làidir 's nach robh cothrom air bruidhinn. Bha an sneachda air an talamh car domhainn ach choisich Alasdair air thoiseach agus chaidh Eilidh na dhèidh, a' cur a casan ann an làraich nan casan aigesan. Bha ceumannan mòra, fada aige is cha mhòr nach fheumadh Eilidh leum a ghearradh leis an astar a bha eatarra. Chan fhaiceadh i ach a dhruim mòr, làidir roimhpe. Ma tha bean fa-near dha, thuirt i rithe fhèin, dh'fhaodainn nas miosa na sin a dhèanamh!

Bha iad pìos air falbh bhon rathad mhòr a-nis ann an lag air choreigin. Chan fhaiceadh iad an rathad ach chluinneadh iad fhathast fuaim nan càraichean 's nan làraidhean.

"Seo an t-àite!" thuirt Alasdair, a' tionndadh gu h-obann ris an taobh chlì. "Tha e brèagha, nach eil?"

Bha e sin. Bha an t-àite dìreach mar a bha cuimhne aig Eilidh air. Bha fuaran a' tighinn às an talamh, boinnean uisge a' leum bhuaithe mar boinnean glainne agus na boinnean a bu bheòthaile a' tuiteam ri taobh an fhuarain 's a' tionndadh gu deigh mar dhìtheanan reòthta geamhraidh.

A dh'aindeoin 's gu robh cinnt aig Eilidh nach b' e seo an t-àite ceart, cha b' urrainn dhi gun a bhith a' smaointinn air an duine òg a bhàsaich leis an fhuachd o chionn bhliadhnaichean mòra. Thàinig faireachdainn mhì-chneasta thuice. Cha robh i airson fuireach. Chaidh i air chrith.

"Dè tha ceàrr ort, Eilidh? A bheil thu fuar? Seo." 'S thug e a-mach botal uisge-beatha às a phòcaid.

"Chan e am fuachd a th' orm idir. Bha mi dìreach a' cuimhneachadh air a' bhuachaille bhochd a chaidh a lathadh an seo san t-sneachda. 'S e sgeul air leth brònach a th' ann."

" 'S e, ach cuimhnich, chaidh fada a bharrachd de dhaoine a mharbhadh bhon uair sin air an rathad mhòr ud thall far an do dh'fhàg sinn an càr." 'S bha fuaim nan carbadan nan cluasan ged nach b' urrainn dhaibh am faicinn.

Cha robh Eilidh airson smaoineachadh mu na ceudan a chaidh a mharbhadh air an rathad mhòr. Cha robh i airson fuireach. Sheall i suas air a' bhràigh air an taobh eile. Bha fèidh fo na craobhan astar goirid air falbh, nan seasamh gan coimhead. Chunnaic Alasdair cuideachd iad.

"Thig na fèidh a-nuas airson uisge sa gheamhradh. 'S fheàrr dhuinn falbh."

Air an t-slighe air ais chun a' Range Rover chuimhnich Eilidh a-rithist air Catrìona.

"Am bi mòran thubaistean a' tachairt air na

rathaidean seo?" dh'fhaighnich i.

"Bithidh sa gheamhradh nuair a tha reothadh ann. Bidh daoine a' dràibheadh fada ro luath."

"Agus anns a' bhaile fhèin? Am bi daoine a' dol ro luath, gun chùram?"

"Chan eil iad cho buailteach. Tha muinntir an àite eòlach air na rathaidean 's air an reothadh. Co-dhiù, 's e seann chàraichean a tha aig cha mhòr a h-uile duin' aca, 's cha bhi iadsan a' dol luath uair sam bith."

" 'S le sin, chan eil daoine òga ann a bhios a' dràibheadh ro luath agus air chaoch?"

"Chan eil, chan eil! Dè tha seo? Fichead ceist? Innis dhomh tuilleadh mu do dheidhinn fhèin. Dè bhiodh tusa a' dèanamh an seo nuair a bha thu òg?"

"Na rudan àbhaisteach. Bhiomaid a' cluich mun cuairt a' bhaile."

Ach cha robh i airson bruidhinn oirre fhèin idir.

"Càit an robh thu fhèin nuair a bha thu òg?"

Bha iad a' teannadh ris an Range Rover a-nis. Dh'fhairich Eilidh gu robh Alasdair a' dlùthadh oirre. Chuir e gàirdean mu a gualainn gu socair.

"Chaidh mo thogail ann an Inbhir Narann agus is iongantach mura bheil fios agad air mar a thàinig mi chun na h-oighreachd seo. B' ann le m' antaidh a bha an oighreachd ach chaochail i fhèin 's an duin' aice ann an tubaist rathaid. Tha fios agam nach robh muinntir an àite ro thoilichte gun tàinig teaghlach coimheach gu bhith nan uachdarain orra, ach ... ach tha mi air feuchainn ri bhith nam dheagh uachdaran. Tha mi a' smaointinn nan robh bean agam gum biodh e na b' fhasa, ach ... "

Stad e 's choimhead e oirre. Thàinig rudhadh gu aodann Eilidh ge b' oil leatha. Thionndaidh i air falbh agus dhìrich i a-steach dhan Range Rover cho luath 's a b' urrainn dhi.

Bha amharas aice a-nis air na bha na inntinn. Bha esan a' smaointinn nam biodh bean aige às a' bhaile fhèin gun gabhadh na daoine ris na b' fheàrr agus gum biodh a h-uile nì ceart gu leòr! Bha tòrr aige ri ionnsachadh fhathast! Ach bha e soilleir nach robh ceangal eadar e fhèin agus tubaist Catrìona. Cha robh air inntinn an duine bhochd ach bean a lorg!

Fhad 's a bha iad air an rathad air ais dhan bhaile thòisich Eilidh air cuimhneachadh. Bha ise sa cholaisde ann an Dùn Eideann nuair a thàinig Alasdair dhan bhaile an toiseach, 's bha Catrìona ag innse dhi air a' fòn gu robh e na òganach le luirgnean fada, caol. "Tha thu nas eireachdaile is nas dèanta a-nis!" smaoinich i rithe fhèin. Thàinig gàire beag thuice.

"Dè th' ort?" dh'fhaighnich Alasdair.

"Chan eil càil!" ars Eilidh.

CAIBIDEIL 6

Cha do chaidil Eilidh gu math an oidhche sin. Bha droch bhruadar aice far an d' fhuair i buachaille bàthte san fhuaran, agus nuair a thionndaidh i an corp 's e aodann Alasdair a bh' ann 's e air a mhilleadh le cnuimheagan. Leum i suas na dùisg sa bhad agus eagal oirre gun tilleadh an aon aisling nam feuchadh i ri cadal a-rithist, 's le sin chaidh i dhan chidsin agus rinn i cupa teatha dhi fhèin. Feumaidh gur e an dragh a th' orm mu Chatrìona a tha a' suaineadh air m' inntinn, smaoinich i rithe fhèin. Chan eil mi air mòran fhaighinn a-mach fhathast. Fònaidh mi dhan ospadal an-diugh fhèin airson a naidheachd fhaighinn.

Aig ochd uairean chaidh i suas gu taigh Peigi a dh'fhaicinn ciamar a bha i. Bha i ceart gu leòr, ged a bha rudeigin a' cur oirre fhathast.

"Tha e fuar, fuar a-muigh," thuirt Eilidh nuair a chaidh i a-steach. "Togaidh mi an teine dhuibh gus gum bi sibh blàth, dòigheil an-diugh. Bidh sneachda ann an ceartuair, saoilidh mi." "Bidh barrachd air sneachda ann an ceartuair," thuirt a' chailleach os ìosal.

"Gu dè tha sibh a' ciallachadh, a Pheigi?"

"Bidh mòr-thubaist nas motha na sneachda a' tighinn air a' bhaile seo ... "

"Ciamar is càite is carson?"

"Chan urrainn dhomh innse ... " 'S chrath i a ceann gu brònach.

"A Pheigi, tha sibh a' dèanamh cus smaointinn. Tha sibh nur n-aonar cus."

"O, chan eil," thuirt i. "Chan eil mi sin idir! Bidh Raibeart a' tighinn a chèilidh orm a h-uile latha a dh'fhaighneachd nan ceistean aige 's a dh'èisdeachd ri sgeulachdan is bàrdachd."

" 'N e esan a tha a' cur iomagain oirbh?"

"O, chan e. Tha e uabhasach coibhneil rium. 'S toigh leam e, ach … "

"Ach 's esan adhbhar an dragh a th' oirbh."

Choimhead Peigi air Eilidh fad ùine 's thuirt i, "Chan fhaod mi innse ... "

"Och, a Pheigi," thuirt Eilidh is fiamh oirre, "Cha leig sibh a leas bodraigeadh leis an fhear ud. Chan eil aige ach seachdain no dhà air fhàgail sa bhaile. Thuirt Alasdair rium gun cuireadh e stad air a' mhàl aig Raibeart."

Choimhead Peigi gu geur air Eilidh.

"Thuirt Alasdair .... Eilidh? Bheil spèis agad dha mu thràth?"

"Och, isdibh, a Pheigi ......" thòisich Eilidh gu sunndach, ach sùil gun tug i air aodann Peigi, chunnaic i dragh a' tighinn na sùilean, 's thuirt i gu luath, "Na gabhaibh eagal, a Pheigi - chan eil dùil 'am a bhith nam bhean aig duine sam bith airson greis fhathast!"

"O, Eilidh. Bi uabhasach faiceallach, a ghràidh!"

"O, bithidh, bithidh ... Na bithibh fo dhragh air mo sgàth-sa. Feumaidh mi falbh is obair agam ri dhèanamh!" Bha i a' lasganaich, ach cho luath agus a dhùin i an doras chaidh sin bàs.

Cha robh ach falt dithis aice ri dhèanamh an latha sin agus bha i deiseil aig meadhan-latha.

Feasgar chaidh i mach a choiseachd beagan gus cothrom a thoirt dhi fhèin gach nì a shèoladh tro a h-inntinn. Bha e fuar, ged a bha grian lapach geamhraidh fhathast ann. Chaidh Eilidh fo smaointean.

Carson a bha dragh cho mòr air Peigi mun chàirdeas a bha eadar i fhèin agus Alasdair? 'S dòcha gur ann a chionn 's gu robh fios aice gu robh Alasdair a' sireadh bean. Uill, 's e inbheach a bh' innte agus dhèanadh i a roghainn fhèin. Agus bha ùine gu leòr ann fhathast! Cha do rinn iad ach coinneachadh dìreach an-dè airson a' chiad thuras!

An e Raibeart a bha a' cur dragh oirre? 'S cinnteach gu robh esan ann cha mhòr a h-uile latha ga ceasnachadh. 'S dòcha gu robh cus an sin do sheann chaillich a bha ceithir fichead 's a deich. Bhruidhneadh i ris. Dh'fhònadh i cuideachd feuch ciamar a bha Catrìona. Cha robh i airson dràibheadh a dh'Inbhir Nis agus coltas tuilleadh sneachda oirre. Bhiodh cùisean na b' fheàrr nuair a thilleadh Catrìona 's nuair a b' urrainn dhi bruidhinn rithe gun bhacadh. Ach bha eagal oirre cuideachd gum feuchadh cuideigin ri Catrìona a mharbhadh a-rithist nuair a bhiodh i air ais sa bhaile agus i fhèin fhathast gun adhbhar na tubaiste fhaighinn a-mach.

Bha na rudan sin uile a' ruith tro a h-inntinn nuair a chual' i guth: "Feasgar math!"

Thog i a sùilean agus 's e am fèileadh a' chiad rud a chunnaic i. Raibeart a bh' ann!

"Chan eil thu ag obair an-diugh, Eilidh?"

"Chan eil na thusa," fhreagair i gus an t-eagal a bh' oirre a chleith.

"O, bha, ach tha mi dìreach a' dol dhachaigh an-dràsta. Am bu toigh leat tighinn air ais còmhla rium airson cofaidh?"   "O, chan eil ùin' agam, tapadh leat. Tha obair taighe agam ri dhèanamh 's gun fhios cuin a thilleas Catrìona." Leisgeul lapach, lag, bha fios aice, agus is cinnteach gun do dh'aithnich e sin, ach cha bu mhath leatha a bhith na h-aonar còmhla ris.

"A bheil guth air Catrìona?"

"Chan eil. Ach fònaidh mi thuice a-nochd. Tha mi 'n dòchas nach bi i fada gun tilleadh."

Bha iad a' dlùthadh a-nis ri taigh Eilidh. Stad i aig a' gheata.

"Feasgar math leat, a Raibeirt!"

Rinn e gàire beag, 's thuirt e, "Latha eile, 's dòcha, Eilidh. Thig thu a chèilidh orm."

" 'S dòcha," thuirt i, taingeil gu robh i air faighinn às an turas seo furasda gu leòr. Bha e snog, laghach ach cha robh i cinnteach às.

An dèidh grèim bìdh fhaighinn dhi fhèin, dh'fhòn i dhan ospadal. Fhuair i nurs às a' *ward* far an robh Catrìona.

"Am b' urrainn dhuibh naidheachd a thoirt dhomh air Catrìona Nic a' Phearsain, mas e ur toil? Ciamar a tha i a-nis?"

"Seadh. Agus cò tha bruidhinn?"

" 'S mise a piuthar, Eilidh Nic a' Phearsain."

"Fuirich mionaid ma-tha."

Thill an nurs às dèidh tiotan. "Gabh mo leisgeul! Bha piuthar Catrìona air a' fòn an-diugh mu thràth agus thug sinn dhise gach naidheachd mu a cor. Agus tha i 'g ràdh nach eil aic' ach an aon phiuthar."

Cha robh Eilidh a' tuigsinn.

"Cha do dh'fhòn mi an-diugh. Is mise Eilidh."

"Tha mi duilich ... "

"Am b' urrainn dhuibh iarraidh oirre fònadh air ais thugam?"

Ach bha am fòn na thosd.

Bha eagal mòr air Eilidh. Dè bha a' tachairt? Bha cuideigin eile air fònadh dhan ospadal, a' cumail a-mach gur e ise, Eilidh, a bh' ann. Boireannach! Ach cò is ciamar is carson? Bhiodh Catrìona air cluinntinn gun do dh'fhòn a piuthar 's mar sin cha bhiodh cabhag oirre fhèin fònadh gu Eilidh, 's i a' smaointinn gun d' fhuair Eilidh naidheachd mu a cor bhon nurs.

Dè dhèanadh i? Cha chreideadh am poileas i às dèidh na thachair an latha roimhe. Bha na rathaidean ro chunnartach le reothadh airson a dhol dhan ospadal. Cha b' urrainn dhi earbsa a chur ann an Raibeart neo fiù 's an Alasdair 's a mhàthair. Agus ciamar a b' urrainn dhi a shoillearachadh do dh'Uilleam 's do Mhairead an ath doras gu robh eagal oirre a thaobh beatha Catrìona? Anns a' bhaile bheag seo? Cha chreideadh iad i. Ghlas i na dorsan agus chaidh i dhan leabaidh 's i an dùil nach tigeadh cadal leis an iomagain a bh' oirre.

A-màireach rachadh i suas gu taigh Peigi agus dh'innseadh i dhi an fhìrinn mu Chatrìona agus dh'fhaighnicheadh i an robh fios idir aice cò bha air cùl a' ghnothaich. Dh'innseadh i do Pheigi mun 'tubaist rathaid' a bh' aig Catrìona. Ged a bha a' chailleach sean agus ged a chuireadh naidheachdan dhen t-seòrsa seo fo dhragh is iomagain i, bha e cudromach gum faighte fuasgladh air a' chàs san robh Catrìona mus tachradh tubaist na bu mhiosa.

Ach a dh'aindeoin gach trioblaid, bha Eilidh

cho sgìth le dìth cadail an oidhche roimhe 's gun do dhùin a sùilean sa bhad. "Siud aon latha grod seachad!" thuirt i rithe fhèin, agus bha i na suain. Cha b' urrainn dhi an còrr a dhèanamh.

CAIBIDEIL 7

Bha i fhathast dorcha nuair a dhùisg Eilidh aig ochd uairean an ath mhadainn agus dh'fhairich i sa bhad gu robh i uabhasach sàmhach a-muigh. Dh'fhosgail i na cùirtearan. Chunnaic i an uair sin carson. Bha mòran sneachda air tuiteam, agus leis an doimhneachd a bha air an rathad bha Eilidh dhen bheachd gu robh an sneachda air a bhith tuiteam ùine mhòr - 's dòcha fad na h-oidhche. Feumaidh gu robh còrr is troigh air tuiteam. Chan fhaigheadh i a' bhan a-mach air an rathad an-diugh. 'S ged nach robh sin glè chudromach a thaobh na gruagaireachd, bha e ro chudromach gun rachadh i a dh'fhaicinn Peigi cho luath 's a ghabhadh gus bruidhinn rithe 's a dh'fhaighinn a comhairle air Catrìona.

Dh'fhònadh i dhan ospadal an toiseach mus faigheadh 'Eilidh eile' cothrom fònadh roimhpe. Thog i am fòn ach cha robh diog aige. Feumaidh gu robh na fònaichean dheth leis an droch shìde. "Uill, sin e," thuirt i rithe fhèin. "Chan eil an còrr as urrainn dhomh a dhèanamh a thaobh Catrìona an-dràsta. Chan urrainn nach bi i ceart gu leòr san ospadal. Thèid mi a-null gu Peigi."

Chuir i beagan bìdh ann am puicean air eagal 's nach biodh biadh a-staigh aig Peigi. Bha bòtannan is còta mòr, blàth oirre, agus bu mhath gu robh, 's i fhathast a' cur an t-sneachda. Thug i bata mòr leatha cuideachd gus gum biodh taic aice a' coiseachd leis cho tiugh 's a bha an sneachda na laighe. Agus bha feum aice air. Chunnaic i Uilleam, a nàbaidh, nuair a chaidh i a-mach.

"Tha thusa air do chois gu math tràth sa mhadainn, Eilidh!" thuirt e os àrd.

"Tha mi dol suas gu taigh Peigi a dh' fhaicinn a bheil i ceart gu leòr. Am bi Mairead a dol suas dhan Taigh Mhòr an-diugh?"

"O cha bhi, cha bhi! Dh'fhòn sinn thuca an ceartuair a dh'innse nach biodh i ann."

"O? Tha am fòn agaibh ag obair, ma-tha? Chan eil am fear agamsa a' dol idir. Bha mi feuchainn ri fònadh dhan ospadal ach tha am fòn dheth. Shaoil mi gum biodh a h-uile duine sa bhaile gun fòn an-diugh air sgàth na droch shìde. Feumaidh nach eil ann ach rudeigin a tha ceàrr air a' fòn agam fhìn."

Ghabh i cuairt bheag gu cùl an taighe agus chunnaic i sa bhad dè bha ceàrr. Bha tè dhe na uèirichean air briseadh leis an t-sneachda. Saoil an gabhadh i càradh? Thug i sùil dhlùth oirre. Nuair a sheall i na bu mhionaidiche oirre, dh'fhairich i uabhas agus eagal. Cha robh a' uèir air briseadh le truimead an t-sneachda idir - bha i air a gearradh! Bha Uilleam na sheasamh aig an fheans.

"Dè tha air tachairt dhi?" dh' fhaighnich e.

"Tha i air briseadh leis an t-sneachda," thuirt Eilidh gu luath. "Cuiridh mi fios air luchd nam fònaichean gu bheil feum a càradh."

Bha sgràth oirre a-nis. Carson a bhiodh duine sam bith ag iarraidh i a bhith gun fòn? Rinneadh an t-olc tron oidhche, oir bha am fòn ag obair feasgar a-raoir nuair a dh'fhòn i dhan ospadal - a dh'aindeoin 's nach d' fhuair i seachad air an nurs. Ach bha an sneachda trom air làrach bròige sam bith fhalach.

Bha earbsa aice ann an Uilleam, ach bha làn-fhios aice gum biodh e doirbh dha a chreidsinn gu robh cuideigin a' feuchainn ri Catrìona a mharbhadh. 'S gann gu robh i fhèin ga chreidsinn.

An toiseach dh'fheuch cuideigin ri cur às do Chatrìona. An uair sin bha duine air rùrach air feadh an taighe aice agus - rud bu neònaiche na sin - air a sgioblachadh an dèidh làimhe. Cuideachd bha dragh air choreigin air Peigi, agus shaoil Eilidh gu robh ceangal eadar sin 's an còrr, no co-dhiù gu robh fios aig Peigi air rudeigin a bheireadh cuideachadh dhi gus faighinn a-mach cò a bu choireach.

Agus a bharrachd air an sin, cha robh na poileasmain ga creidsinn. An Constabal Mac Phàil sin! An creideadh e nan innseadh i gun deach uèir a' fòn aice a ghearradh? Cha chreideadh idir. Bhiodh e a' smaointinn nach robh ann ach sgeulachd eile a bha i a' toirt a chreidsinn oirre fhèin.

"Bheil thu airson fònadh don ospadal bhon taigh againne?" thuirt Uilleam, "agus dh'fhaodadh tu cuideachd innse do luchd nam fònaichean gu bheil am fear agadsa briste."

"Tapadh leibh, Uilleam. Tha sin math dhuibh."

Chaidh i steach do thaigh Uilleim. Bha Mairead trang sa chidsin. Bha e math do dh'Eilidh gu robh ruith an latha àbhaisteach aig a nàbaidhean an-diugh agus a beatha fhèin cho beag rian an-dràsta. Thog i am fòn. Fhuair i troimhe gu muinntir nam fònaichean ach bha loidhnichean an ospadail trang.

"Chan eil e gu deifir," thuirt i ri Uilleam is Mairead gu sunndach, air eagal 's gun tuigeadh iad an dragh a bh' oirre mu a piuthair. "Feuchaidh mi a-rithist nuair a thilleas mi bho thaigh Peigi."

Thog i oirre. Bha e doirbh dhi coiseachd agus an sneachda cho domhainn, agus bha i toilichte gu robh am bata aice. Bha gaoth làidir ann cuideachd agus bha a h-aghaidh goirt leis an fhuachd a bh' innte. Cha robh carbad idir mun cuairt agus bha sàmhchair sìtheil air feadh an àite - ach ann an inntinn Eilidh, 's bha sin gu buileach troimhe-chèile.

Chunnaic i air èiginn taigh Peigi mu dheireadh thall air astar tron t-sneachda. Chitheadh i ceò às an t-similear. Feumaidh gu robh i ceart gu leòr. Taing do shealbh. Ach thug Eilidh ùine mhòr air an taigh a ruighinn leis cho doirbh 's a bha e coiseachd.

Chaidh Eilidh a-steach mar a b' àbhaist gun ghnogadh aig an doras. Chluinneadh i sradagan an teine mus deach i a-steach dhan t-seomar-suidhe. A bharrachd air sin bha an taigh sàmhach, gun ghuth fàilte ga èigheachd bhon chidsin.

Cho luath 's a chaidh Eilidh a-steach, chunnaic i carson a bha cùisean cho sàmhach. Bha Peigi na cadal ann an sèithear ri taobh na cagailte. Cha do chuir seo iongnadh idir air Eilidh. Bha an seòmar cho blàth, seasgair agus bha coltas gu robh a' chailleach bhochd sgìth. Feumaidh gu robh Raibeart air a bhith ann roimhpe gus an teine a thogail do Pheigi, no 's dòcha, o nach robh dùil aice ri duine tighinn an-diugh leis an droch shìde, gun do thog i fhèin e agus gun e sin a dh'fhàg cho sgìth i. Chuir Eilidh am biadh a bh' aice dhan chidsin agus chuir i aparan uimpe. Am bu chòir dhi cupa teatha a dhèanamh? Thug i sùil air Peigi feuch an robh i gu dùsgadh. Bha am Bìoball mòr air tuiteam air an làr ri taobh. Bha fiamh neònach air aodann Peigi.

Gu h-obann ghabh Eilidh eagal.

"Pheigi! a Pheigi!" dh'eigh i os àrd. "Dùisgibh! Dùisgibh!"

Nuair nach do ghluais Peigi, leum Eilidh a-null thuice sa mhionaid agus thug i crathadh beag oirre. Cha do ghluais Peigi. Le meòirean critheanach bhean Eilidh do dh'aodann na caillich. Bha a gruaidh fuar a dh'aindeoin blàths an taighe. Bha i marbh!

Thuit Eilidh anns a' chathair eile le sgràth. Feumaidh gu robh grèim cridhe air a bhith air a' chaillich. Dè dhèanadh i a-nis? Dh'fheumadh i dotair agus poileasman fhaighinn.

Chaidh i a-mach airson anail fhionnar fhaighinn leis cho blàth sa bha e am broinn an taighe. Bha i dìreach na seasamh aig doras an taighe nuair a mhothaich i gu robh uèirichean na fòn aig Peigi briste. Neònach! Chaidh i na b' fhaisg' orra agus chlisg i le eagal nuair a chunnaic i gu robh iadsan air an gearradh anns an dearbh dhòigh san deach an fheadhainn aice fhèin a ghearradh. Dh'fheumadh i coiseachd airson cobhair. 'S fheudar gu robh na h-amharasan aice ceart. Bha ceangal eadar Peigi agus na bha dol aig taigh Catrìona.

Bha an dealbh de Pheigi marbh a-staigh ga fàgail cho ònrachdail 's a dh'fhairich i riamh na beatha. Càit an rachadh i?

CAIBIDEIL 8

Bhiodh e cho math dhi a dhol chun an taighe a b' fhaisge, agus b' e sin an Taigh Mòr. Rinn i às na deann-ruith gun tilleadh a-staigh do thaigh Peigi. Cha robh e ach bìdeag air falbh ach leis an t-sneachda agus a' ghaoth na h-aghaidh bha i ùine mhòr ga ruighinn. Phut is phut i air clag an dorais agus an dèidh greis dh'fhosgladh e. Cha b' e Mairead a bh' ann an turas seo ach Alasdair fhèin.

Bha Eilidh cho sgìth 's cho lag leis a' choiseachd 's leis an eagal 's leis an fhuachd 's gun do theab i tuiteam chun an ùrlair, ach rug gàirdeanan làidir Alasdair oirre mus do bhuail i e.

"Eilidh! Gu dè tha ceàrr?" Agus chuidich e i a-steach dhan rùm far an do rinn i falt a mhàthar an latha roimhe.

Bha a mhàthair ann an turas seo cuideachd, na suidhe a' peantadh bobhla creadha, ach leum i às a suidhe nuair a chunnaic i Eilidh an tacsa Alasdair.

"Mo chreach! Dè thachair, Eilidh? Cha bu chòir dhuts' a bhith a-muigh ri sìde mar seo gun chòta."

Cha b' urrainn do dh'Eilidh bruidhinn leis an droch staid san robh i. Bha a sùilean a' sìor choimhead air an teine, ach 's e teine Peigi a bha i a' faicinn - cho blàth, beòthail.

An dèidh greis thàinig a guth air ais thuice. "Chan eil mi ga chreidsinn, chan eil mi ga chreidsinn," thuirt i.

"Dè nach eil thu creidsinn?" Guth socair, làidir. Guth aig an robh ùghdarras. Thionndaidh i ris 's chunnaic i ann aodann Peigi. Shuath cuideigin na deòir a bha a' ruith bho a sùilean 's mhothaich i gur e Alasdair a bh' ann.

"Eilidh!" thuirt e uair eile gu socair. "Gu dè tha ceàrr?"

Mhothaich Eilidh an uair sin do a shùilean dorcha agus sùilean ceasnachaidh a mhàthar agus, a chionn 's gu robh iad ga coimhead nan tosd, thòisich i.

Facal air an fhacal, dh'aithris i mar a chaidh i gu taigh Peigi a' mhadainn ud agus mar a fhuair i marbh i. Dh'innis i cuideachd mar nach robh am fòn aig Peigi ag obair agus mar a thàinig oirre cobhair fhaighinn bhuapasan. Chuir màthair Alasdair a ceann na làmhan.

"Feumaidh sinn fios a chur air an dotair," thuirt Alasdair. "Bu chòir dhuinn cuideachd am poileas fhaighinn."

Leis an fhacal 'poileas' chuimhnich Eilidh air MacPhàil a thàinig chun na mèirle nach robh ann.

Cha chreideadh esan i 's i 'g innse gu robh corp Peigi ri taobh an teine a-staigh.

"Am fònadh tusa chun a' phoilis?" dh'iarr i air Alasdair. Bha na sùilean aigesan ga coimhead. Sùilean dubha, dorcha.

"Fònaidh gu dearbh," fhreagair e gun an togail bhuaipe. Thàinig snodha air aodann. Bha inntinn Eilidh troimhe-chèile. Fhuair nàbaidh Alasdair bàs aithghearr agus bha snodha air aodann. An e aisling a bh' ann? 'S dòcha gun tigeadh am poileasman mar a thachair roimhe 's gum biodh a h-uile rud na àite fhèin mar bu chòir. Bhiodh Peigi beò agus an teine aice gun a thogail fhathast mar a b' àbhaist. Thàinig gàire beag faoin air a h-aodann fhèin cuideachd. Thòisich i air gàireachdainn. 'S e bruadar a bh' ann gun teagamh. Dhùisgeadh i gu h-aithgheàrr agus bhiodh i air ais am Bearaig a Tuath.

Chuala i Alasdair ag obrachadh na fòn.
" 'N e sin am poileas ... seo Alasdair Begg ... à Druim Uachdair ... tha bàs aithghearr air a bhith ann a-bhos an seo ... dìreach an-dràsta fhèin a fhuair sinn fios ... nàbaidh againn ... Peigi Nic a' Mhaoilein ..." Chuir ainm Peigi stad air gàireachdainn Eilidh sa mhionaid.
" ... ceart. Bidh sinn aig an taigh." Chuir Alasdair sìos am fòn. Thill e air ais a-nall. "OK, Eilidh," thuirt e gu sèimh. "Tiugainn a thaigh

Peigi. Bidh am poileas ann cho luath 's a ghabhas, ach cha bhi sin ro luath leis an t-sneachda, cha chreid mi.

"A mhàthair, bidh e ro dhoirbh dhuibhse a dhol gu taigh Peigi còmhla rinn, ach an cuireadh sibh fòn chun an dotair? Bheir mi aon dhe na còtaichean agaibh do dh'Eilidh." Rug e air làimh Eilidh. "Trobhad, Eilidh. Falbhaidh sinn."

Chaidh iad a-mach. Bha e uabhasach fuar a-muigh às dèidh a bhith na suidhe air beulaibh an teine, agus thòisich Eilidh a' dol air chrith leis cho fuar 's a bha i. Chuir Alasdair a ghàirdean mu timcheall 's chuimhnich i mar a dh'fheuch e ri sin a dhèanamh an latha roimhe nuair a bha iad a' coiseachd a-muigh còmhla. Cha b' urrainn dhi a sheachnadh an turas seo, oir bha an sneachda trom, sleamhain agus bha feum aice air grèim fhaighinn air rudeigin, agus cha robh ann ach Alasdair. Coma leatha an turas seo an robh e bòidheach, eireachdail na ghiùlain. Dh'fhaodadh e bhith na bhodach-ròcais - bha i taingeil gu robh e ann.

Nuair a ràinig iad an taigh thuirt Alasdair, "Fuirich thusa an seo mionaid." Chuir e dheth na miotagan a bh' air 's chaidh e a-staigh. As dèidh greis thill e.

"Tha thu ceart. Tha i marbh. Stròc, 's dòcha. Bheil thu làidir gu leòr son tighinn a-steach?" Shìn e a-mach a làmh rithe 's ghlac i i. Bha i blàth. Chaidh iad a-steach le chèile.

Bha imshniomh beag aig Eilidh gur e mearachd a rinn i, ach bha a h-uile nì mar a bha e ach gu robh am Bìoball a-nis air a' bhòrd. Feumaidh gu robh Alasdair air a thogail nuair a thàinig e staigh an turas roimhe. Bha an teine air a dhol sìos. Bha Peigi a' coimhead cho ciùin. 'S dòcha gur e bàs mar sin an dòigh a b' fheàrr air an saoghal seo fhàgail.

Cha b' fhada gus an do ràinig an dotair – an Dotair MacRuairidh a bh' ann.

"Fhuair mi còmhdhail a-nuas am bruach air tractar tuathanaich," thuirt e. "Cha deargadh an càr agam air an leathad ud ris an t-sìde seo." Thug e sùil air Peigi.

"Aidh! Feumaidh gur e stròc a bh' ann ceart gu leòr, agus i na suidhe cho sèimh. Thachradh e 's i na cadal. Nì mi sgrùdadh ceart a-rithist ach sin a tha mi a' togail bho a coltas."

'S e duine mòr, àrd a bh' anns an Dotair MacRuairidh. Bha e na sheasamh aig an uinneig 's bha an rùm dorcha.

Thug Eilidh sùil air Peigi. Shaoileadh tu gu robh i na cadal. Dh'fhairich i làmhan air a gualainn. Chuala i guth Alasdair.

"Trobhad, Eilidh. Suidhidh sinn anns a' chidsin gus am bi an dotair deiseil. Nì mi cupa teatha dhut."

Stiùir e air thoiseach air i 's shuidh iad sa chùlaisde. Bha e fuar an sin an taca ris an t-seòmar eile. Bha teine dealain am meadhan an làir agus chuir Alasdair air e. Chuir e coire air an stòbh.

"Cha toir e fada," thuirt e. "Bheir sin togail dhut." Dh'fhairich Eilidh blàths an teine air a casan. Chuir i còta Ealasaid dhith.

Bha an coire gu goil nuair a chual' iad guthan fhireannach eile a' bruidhinn ris an dotair.

"PC MacPhàil!" thuirt Eilidh sa bhad.

"Ciamar a tha fhios agad?" dh'fhaighnich Alasdair. "An do thachair thu ris mu thràth?"

Bha Eilidh a' coimhead mì-thoilichte. Cha robh i a' dol a' thòiseachadh air mìneachadh dha mu dheidhinn na thachair 's nach do thachair an oidhche roimhe. Bha i ro sgìth.

Thàinig MacPhàil a-steach aig an dearbh àm sin, giobal de phoileasman òg còmhla ris. Dh'aithnich e Eilidh sa bhad.

"Thusa!" thuirt e. Bha an leabhar beag dubh aige na làimh. " 'S tusa a fhuair an corp an toiseach?"

" 'S mi."

"Innis dhuinn! Ciamar a bha i?"

"Bha i dìreach mar a tha i an-dràsta ach gu robh an teine na bhraidseal."

"Bhitheadh e sin," thuirt e fhad 's a bha e a' sgrìobhadh anns an leabhar aige, "air latha cho fuar seo."

"An e gu bheil amharas agad, a Chonstabail, nach b' e bàs nàdarra a bh' ann?" thuirt Alasdair.

"O, chan eil idir. Bha Peigi sean 's tha an geamhradh fuar. Ach feumar ceistean fhaighneachd a thaobh a h-uile bàis ris nach robh dùil. Tha e coltach gun do bhàsaich i na cadal."

"A Chonstabail? Thigibh a-steach!" Guth an dotair on rùm eile. Dh'fhalbh MacPhàil agus an constabal òg còmhla ris.

An dèidh còig mionaidean thill MacPhàil.

"Chaidh Peigi a bhualadh air a ceann le rud mòr, trom," thuirt e gu mall. " 'S e murt a bh' ann!"

CAIBIDEIL 9

"Murt!" Bha Alasdair ag aithris an fhacail aon uair eile, 's cha mhòr nach do mhothaich Eilidh beagan faochaidh na ghuth.

" 'S e," thuirt Mac Phàil, "agus feumaidh mi an CID fhaighinn à Inbhir Nis, an luchd-sgrùdaidh cuideachd a ghabhas na meur-lorgan. Fuiricheadh sibhse an seo gus am bruidhinn mi ri Inbhir Nis air an reidio a-muigh san Landrover!"

Dh'fhuiricheadh! Cha b' urrainn do dh'Eilidh càil a bharrachd a dhèanamh. Bha i rag leis an eagal. Ged a bha amharas aice gu robh olc mun cuairt anns a' bhaile, cha do smaoinich i riamh gum biodh cùisean a' tighinn chun na h-ìre seo.

Bha i na suidhe gun smid. Chuir Alasdair an coire air an stòbh a-rithist.

"Ma tha sinn gu bhith ann an seo fad ùine," thuirt e, "bhiodh e cho math dhuinn cupa teatha eile a ghabhail. Nì mi fear dhan dotair cuideachd. Cò chreideadh gun rachadh boireanneach cho laghach ri Peigi a mharbhadh?"

Thill MacPhàil.

"Feumaidh an CID tighinn ann a' heileacoptair seach gu bheil an rathad mòr dùinte le sneachda aig an t-Sloc."

Shuidh e sìos air beulaibh Eilidh.

"Tha ceist no dhà agam ri fhaighneachd dhibh."

Ach b' e an coltas a bh' air nach creideadh e sìon a dh'innseadh i dha.

"Cuin a ràinig sibh taigh Peigi, ma-tha?"

"Dh'fhàg mi an taigh agam fhìn beagan an dèidh ochd uairean ach bha an t-slighe dona leis an t-sneachda, 's mar sin bhiodh e faisg air naoi uairean mus do ràinig mi seo."

"Carson a bha sibh a' tighinn?"

"Bha eagal orm gum biodh Peigi gun bhlàths, gun teine, às dèidh oidhche cho fuar, agus thàinig mi son an teine a thogail dhi."

"Ach tha an teine air an-diugh. An do thog sibhse e 's ise na suidhe marbh, no an robh i beò nuair a ràinig sibh?"

"Chan eil mi buileach cinnteach dè tha thu ciallachadh, ach cha do thog mise an teine an-diugh. Bha e dol gu math nuair a ràinig mi ... "

"'S dòcha gu robh Peigi air a thogail i fhèin is dùil aice nach tigeadh duine an-diugh air sgàth na droch shìde." B' e Alasdair a bha bruidhinn. Cha robh MacPhàil toilichte.

"A Mhaighstir Alasdair! Fanaibh sàmhach 's mi a' ceasnachadh Eilidh!" Sgrìobh e an uair sin rudeigin na leabhar.

"Cò eile thigeadh a chèilidh air Peigi?"

"Bhiodh am fear ud, Raibeart Donaldson, ann cha mhòr a h-uile latha."

"Raibeart Donaldson? Cò tha sin a-nis? 'N e sin an duine a bha còmhla riut an oidhche roimhe?"

" 'S e. Bidh e a' cruinneachadh stuth à beul-aithris, gu sònraichte sgeulachdan 's òrain às an sgìre seo fhèin."

"Càit a bheil e a' fuireach?"

"Ann an *chalet* a th' agamsa," thuirt Alasdair. "Bidh e aig luchd-turais as t-samhradh air màl. Ach cha bhi daoine ga iarraidh aig an àm seo dhen bhliadhna, 's mar sin fhuair esan e. Chan eil ach seachdain no dhà air fhàgail aige ann."

Choimhead am poileas air gu geur.

"Nach tuirt mi ribh gun a bhith freagairt 's mi a' ceasnachadh Eilidh. Bidh ur turas-se ann an ceartuair! Nis, Eilidh, nuair a thàinig sibh a-staigh an-diugh sa mhadainn, an do sgioblaich sibh suas dad sam bith?"

Chrath Eilidh a ceann. Bha i a' faireachdainn sgìth a-nis, uabhasach fhèin sgìth.

"Am faod mi dhol dhachaigh? Chan eil mi a' faireachdainn ro mhath."

"Faodaidh. Tha fios 'am càit a bheil sibh ma bhios mi gur n-iarraidh."

Sheas i. Sheas Alasdair. "Thig mi còmhla riut. Tha an sneachda cho trom!"

"Bidh mi ceart gu leòr, Alasdair," thuirt i gu mì-fhoighidneach. Bha i sgìth agus bu mhath leatha a bhith na h-aonar.

"Feumaidh sibhse fuireach, a Mhaighstir Alasdair," thuirt MacPhàil. "Tha ceist no dha agam ri chur oirbhse cuideachd."

Chaidh Eilidh a thoirt sùil airson an turais mu dheireadh air aghaidh bhàidheil Peigi san dealachadh.

Bha e math a bhith a-muigh san àile fhionnar a-rithist, fuar 's gu robh i. Bha turadh ann agus bha a' ghrian a' feuchainn ri nochdadh bho chùl nan sgòthan. Bha na beanntan mòra mun cuairt oirre dìreach àlainn, eireachdail le còta geal. Cho bòidheach 's a bha an t-àite! Cha chreideadh duine gu robh bàs - murt! - air a bhith ann.

Bha e na bu luaithe dhi a dhol dhachaigh sìos am bruthach na bhith ga dhìreadh sa mhadainn.

Bha eagal mòr air Eilidh. Ma chaidh Peigi a mharbhadh a-raoir, an dèanadh ge b' e cò a rinn e an aon rud uair eile? Thuig i nach robh adhbhar dòchais ann dhi cobhair fhaighinn a-nis. B' i Peigi an cothrom mu dheireadh a bh' aice gus tuigse fhaighinn air dè bha dol.

Bha Uilleam, a nàbaidh, a' sguabadh sneachda bhon doras-chùil nuair a ràinig i dhachaigh.

"Seadh! Tha thu air tilleadh," thuirt e, a' leigeil a thaic ris an sguab. "Ciamar a tha Peigi, ma-tha? Seasgair gu leòr ris an t-sìde seo, tha mi 'n dòchas."

"Chan eil, chan eil! Tha i ... marbh."

Ged nach do shil Eilidh deur 's i a' bruidhinn ri

MacPhàil, thòisich i a-nis air gal 's air rànaich.

Ghabh Uilleam grèim oirre.

"Eilidh, Eilidh, ach dè thachair? Feumaidh tu tighinn a-staigh còmhla rinn. Tha Mairead a-staigh."

Cha b' urrainn do dh'Eilidh an còrr a dhèanamh leis a' ghal 's a' chrith a bh' oirre. Gu h-aithghearr bha i na suidhe aig bòrd anns a' chidsin aca. Bha Mairead làn uabhais nuair a chuala i na bha air tachairt.

"Cò fon ghrèin a mharbhadh cailleach bhochd mar sin?" thuirt i. "Bheil fios aca cò rinn e?"

Bha Eilidh fhathast a' gal.

"Chan eil," thuirt i le èiginn, "tha iad air tòiseachadh a' ceasnachadh dhaoine. Bha an taigh aice dìreach mar as àbhaist agus mar sin bidh e coltach gur e duine air an robh i eòlach a bh' ann. Co-dhiù cha tigeadh srainnsear ri sìde cho dona seo, 's tha an A9 dùinte air gach taobh. Gu mì-fhortanach, tha an sneachda cho trom 's gun do chòmhdaich e lorgan an duine a rinn am miasdadh seo. Ach bidh na *detectives* a' tighinn à Inbhir Nis agus luchd nam meur-lorgan. 'S dòcha gum faigh iadsan freagairt ann an ùine ghoirid."

"Ciamar a thig iad is an rathad dùinte?"

"Le heileacoptair ... cho luath 's a ghabhas."

'S shuath i na deòir o a sùilean.

"Nise," thuirt Mairead, "tha thu air eagal mòr a ghabhail. Tha brot agam an seo air an stòbh.

B' fheàirrde thu drudhag dheth. Gheibh mi bobhla dhut."

Ged nach robh an t-acras air Eilidh, ghabh i spàin dhen bhrot agus, beag air bheag, thòisich i a' faireachdainn na b' fheàrr.

"Thèid mi suas air an trèan a dh'fhaicinn Catrìona, tha mi smaointinn. Feumaidh mi innse dhi mu Pheigi."

Dh'fhalbh Eilidh. Chuireadh i earbsa anns an dithis ud. 'S dòcha gun innseadh i dhaibh a h-uile rud a bha na h-inntinn nuair a thilleadh i à Inbhir Nis. Ach bha i airson faighinn a-mach an toiseach bho Chatrìona dè an seòrsa beachd a bhiodh aice air an t-suidheachadh.

A dh'aindeoin an t-sneachda bha an trèan ris an uair. Cha robh mòran a' siubhal oirre an-diugh, agus bha Eilidh taingeil suidhe greis gu socair a' coimhead a-mach air an uinneig. Bha iad dìreach air an stèisean fhàgail nuair a chunnaic i heileacoptair anns an adhar, dubh, dubh an teis-meadhan an fhàsaich ghil. Bha i an impis laighe mar damhan-allaidh ri taobh taigh Peigi, 's leum grunn dhaoine a-mach às an taigh. Chaidh a h-uile rud à sealladh an uair sin agus an trèan a' dol timcheall lùib. Rinn Eilidh i fhèin cofhartail agus chuir tromanaich na trèan na cadal i.

CAIBIDEIL 10

Bha iongnadh mòr air Catrìona nuair a thàinig Eilidh a-steach dhan *ward*. Bha i na suidhe ann an sèithear ri taobh na leapa a' fighe, na bioran a' dol gu luath.

"Gu dè dh'fhàg thusa an seo?"

'S ann air Eilidh a-nis a bha an t-iongnadh.

"Nach tu tha laghach ri do phiuthar! Mise a' dèanamh oidhirp mhòr uabhasach tighinn a choimhead ort tron t-sneachda 's tro an-uair, agus seo an fhàilte a gheibh mi!"

"Uill, 's beag an t-iongnadh. Nach tuirt thu ris an nurs dìreach a-raoir fhèin gu robh thu a' tilleadh dhachaigh gu Bearaig a Tuath an-diugh. Gu robh thu seachd seann searbh sgìth de Dhail Chuinnidh - bha e ro shàmhach dhut 's bha thu airson falbh!"

Choimhead Eilidh air a piuthar, a beul fosgailte.

"Cha do dh'fhòn mise idir a-raoir. Uill, dh'fhòn mi, ach thuirt an nurs gu robh do 'phiuthar' air fònadh mu thràth 's cha toireadh i fiosrachadh sam bith dhomh mud dheidhinn. Dh'fheuch mi ri fònadh thugad madainn an-diugh ach cha robh am fòn aig an taigh ag obair. Chaidh na uèirichean a-muigh a ghearradh ... "

"A ghearradh!" thuirt Catrìona, agus stad na bioran sa bhad. "Ciamar a bha sin? Tha sin uabhasach!"

"Tha nas miosa na sin ann," fhreagair Eilidh gu brònach. 'S thòisich i air innse do a piuthar mu mhurt Peigi. 'S gann gum b' urrainn do Chatrìona a thoirt a-steach, ach lean Eilidh oirre: "Cò mharbhadh cailleach nach do rinn cron air duine riamh?"

"Tha eagal ormsa," thuirt Catrìona, "tha eagal orm gu bheil fiosrachadh air choreigin agamsa, ach ... " Bha i sàmhach greiseag.

"Seadh?" thuirt Eilidh, ga ceasnachadh.

"Tha eagal orm mòran a ràdh," fhreagair Catriona, "oir chan eil mi buileach cinnteach mi fhìn. Ach dh'fheuch cuideigin ri mise a mharbhadh. Feumaidh gur e an aon fhios a bh' aig Peigi ... 's ann airson sin a chaidh a murt. Ach chan eil mi a' tuigsinn dè an *dearbh* fhios a tha na murtairean a' lorg - no airson a chumail am falach - oir dh'innis Peigi cus dhomh. Nam bithinn air m' amharas innse dha na poilis, 's dòcha gum biodh Peigi beò fhathast ... "

Thàinig crith na guth 's cha b' urrainn dhi cumail a' dol.

"Ach nach tuirt thu an latha roimhe nach creideadh am poileas thu, agus tha mise an làn-aonta le sin an dèidh na thachair dhomh fhèin a' chiad oidhche." Agus dh'aithris Eilidh an uair sin mar a bha a h-uile rud air a sgioblachadh an oidhche roimhe nuair a thill i leis a' phoileasman.

"Cha robh fiù 's Raibeart gam chreidsinn!"

"Raibeart! Tha mi 'n dòchas nach eil thu a' cur earbsa san fhear sin. 'S ann on thàinig esan dhan bhaile a thòisich Peigi a' fàs iomagaineach."

"Ach dè an seòrsa fiosrachaidh a th' ann a tha cho cudromach 's gum bi daoine a' marbhadh son fhaighinn - no son a chumail am falach?"

"Tha amharas agam gur e fiosrachadh a th' ann a thaobh teaghlach an Taighe Mhòir ... "

"Mu Alasdair ... ?"

"Uill, cuid dheth. Cuimhnich nach eil Alasdair de Dhòmhnallaich an Taighe Mhòir. Thàinig esan chun na h-oighreachd nuair a dh'eug an antaidh aige - ban-Dòmhnallach a bh' inntese - 's an duine aice na bhràthair do dh'athair Alasdair. Chaidh an dithis aca a mharbhadh ann an tubaist rathaid o chionn còig bliadhna 's cha robh clann aca, 's mar sin ghluais Alasdair agus a mhàthair a-staigh, oir b' iadsan na daoine a bu chàirdiche dhan antaidh a dh'eug. Agus 's iad a th' ann fhathast."

"Ach carson a chaidh Peigi a mharbhadh? Nan robh duine ann a bha a' smaointinn nach bu chòir do dh'Alasdair a bhith san Taigh Mhòr, nach biodh e na b' fheàrr feuchainn ri cur às do dh'Alasdair fhèin seach a bhith a' feuchainn ri cur ortsa 's air Peigi bhochd. Chan eil mi tuigsinn idir, idir!" Sheas Eilidh 's chaidh i chun na h-uinneig a choimhead air na taighean fad' is ìosal bhuaipe fo phlaide de shneachda. Bha iad snog, le solais annta leis cho dorcha 's a bha an latha. Ach cha robh solas ri fhaicinn anns a' ghnothach olc seo.

"Bha Peigi de theaghlach an Taighe Mhòir," thuirt Catrìona ann an guth socair an uair sin, agus thionndaidh Eilidh sa bhad.

"Ciamar?" thuirt i, " 's ciamar a tha fhios agad?"

"Thuirt i rium uair, 's mi a' dèanamh a falt, gu robh, ach gu robh i coma a-nis mu dheidhinn na h-oighreachd on a chaidh a h-uile mac aice às an rathad 's iad òg. Dè 'm feum a bhiodh aicese, theireadh i, air taigh cho mòr sin? Ach bha Raibeart, leis an rannsachadh aige, a' dùsgadh fiosrachaidh mu mhuinntir a' bhaile a bhiodh na b' fheàrr gun a dhùsgadh."

"An e gu bheil thu smaointinn gun do mharbh Raibeart i?"

"Chan urrainn dhomh fios a bhith agam cò mharbh i. 'S gann gun gabh e creidsinn gum b' urrainn do dhuine sam bith cailleach bhochd a mharbhadh. Ach rinn neach air choreigin e. 'S e duine caran neònach a th' anns an duine sin ceart gu leòr. Coigreach aige sin. Tha e doirbh a chreidsinn gun dèanadh duine às a' bhaile fhèin an gnothach, ach ... uill, tha mi 'n dòchas gum faigh na poilis a-mach cò rinn e, ach tha eagal orm nach fhaigh. 'S e coigreach a tha ann am MacPhàil, am poileasman, cuideachd, agus chan innis muinntir a' bhaile an sgeul air fad dha. Tha e duilich gu bheil mi fhathast a-staigh an seo, ach tha iad ag ràdh gum faigh mi dhol dhachaigh a-màireach ma bhios an rathad fosgailte ron charbad-eiridinn."

Bha Eilidh glè thoilichte sin a chluinntinn.

"Tha sin dìreach sgoinneil, a Chatrìona, ach am bi e glic dhut tilleadh dhachaigh agus cothrom a thoirt dhan neach a dh'fheuch ri do mharbhadh mu thràth feuchainn uair eile? Nach bi thu nas sàbhailte an seo?"

Thòisich Catrìona a' fighe gu frionasach.

"Och, cha bhi idir. Tha fios aca far a bheil mi - nach do dh'fhòn iad a-raoir 's iad a' leigeil orra gur tusa a bh' ann? Cha chreideadh na nursaichean mi co-dhiù nan iarrainn orra a bhith faiceallach nach tigeadh murtair gam mharbhadh dhan *ward*! 'S ann a chuireadh iad a dh'ospadal slàinte-inntinn mi! Nach fuirich thusa ann an Inbhir Nis a-nochd agus thig thu còmhla rium a-màireach sa charbad-eiridinn."

Bha sin ceart gu leòr le Eilidh. Fhuair i loidseadh na h-oidhche agus chaith i an còrr dhen fheasgar gu sìothchail, sàmhach a' smaointinn air Peigi, a' gal beagan, ach on a bha i cho sgìth thàinig flò cadail oirre an ceann greiseig.

Dh'eirich i tràth an ath mhadainn. Thuirt a'

bhean-loidsidh gu robh an rathad gu deas fosgailte a-rithist. Chaidh Eilidh suas dhan ospadal agus thug an carbad-eiridinn an dithis dhachaigh. Ged a bha an rathad fosgailte, cha robh e furasda dràibheadh, oir bha tòrr sneachda air fhathast. Ach ràinig iad doras an taighe aca fhèin beagan as dèidh mheadhan-latha. Bha MacPhàil na shuidhe an sin na Landrover. Leum e a-mach nuair a nochd iad.

"Tha mi toilichte ur faicinn," thuirt e. "Bha mi a' smaointinn gun do theich Eilidh orm. 'S nuair a ràinig mi an taigh, bha an doras fosgailte gun sgeul oirbh. Carson a dh'fhàg sibh na dorsan fosgailte air latha cho fuar seo?"

"Cha do dh'fhàg mi fosgailte idir iad," thuirt Eilidh, is dùil aice nach creideadh am poileasman i. "Ghlas mi 'n doras nuair a dh'fhalbh mi a-raoir. Tha mi cinnteach às an sin." Bha e doirbh a thomhas an robh e ga creidsinn no nach robh.

"Siuthadaibh a-steach, ma-tha, agus innsibh dhomh an deach dad a ghoid. Bha mi fhìn a-staigh greis dìreach air eagal 's gun do dh'eirich càil dhuibh, ach cha do ghluais mi rud sam bith."

Chaidh Eilidh a-steach an toiseach le MacPhàil air a cùl agus ghiùlain na daoine às a' charbad-eiridin Catrìona a-steach air sìneadair. Ach bha an taigh mar a bha e riamh, gun dad às àite fhèin.

"Neònach!" thuirt Catrìona. "Nach math gun do dh'fhuirich thu ann an Inbhir Nis a-raoir."

Dh'aontaich Eilidh ris an sin!

Bha gnogadh aig an doras. Thàinig Uilleam 's Mairead a-steach.

"Taing do shealbh. Tha thu ceart gu leòr. Nuair a dhùisg sinn sa mhadainn, chunnaic sinn gu robh an taigh agad 's a h-uile doras fosgailte 's a' ghaoth a' dalladh troimhe. Chaidh sinn a-steach air eagal 's gun do thachair tubaist air choreigin agus thusa fo dhragh!"

Cha tuirt iad 'no nas miosa', ach bha fios aig a h-uile neach san t-seòmar gum b' iad sin na faclan nach tàinig a-mach.

"Nuair nach robh sgeul ort, chuir sinn fios gu na poilis air eagal 's gun deach thu air seachran air feadh na h-oidhche agus gun do chaill thu do shlighe san t-sneachda. Thuirt Mgr MacPhail gun na dorsan a dhùnadh gus an ruigeadh esan. Sin am fuachd a tha a-staigh."

"Tha mi duilich," thuirt Eilidh. "Bu chòir dhomh a bhith air fònadh. Cha do ghabh mi an trèan dhachaigh ach dh'fhan mi an Inbhir Nis chionn 's gu robh cead aig Catrìona tilleadh an-diugh, agus tha mi toilichte a-nis gun do dh'fhuirich." Thionndaidh i gu MacPhàil. "Bheil sgeul agaibh idir fhathast air cò mhurt Peigi?"

"Tha e coltach gur e buille on Bhìoball a chuir às do Pheigi, agus chan eil de lorgan air ach na corragan aig Raibeart Donaldson. Gu mi-fhòrtanach, chan eil sgeul a-nis air Raibeart

Donaldson fhèin. Chan eil e aig an taigh a rèir coltais. Tha e a' coimhead coltach gur esan a rinn am murt. Ma chì sibh e, bithibh glè fhaiceallach 's cuiribh gam iarraidh sa bhad."

CAIBIDEIL 11

Is cinnteach gu robh iuchair taigh Catrìona aig ge b' e cò bha air a bhith briseadh a-steach. Bha Uilleam is Mairead ag iarraidh air na h-igheanan an oidhche a chur seachad còmhla riuthasan. Cha do dhiùlt Eilidh is Catrìona.

Am feasgar ud dh'innis iad a h-uile rud a bha air tachairt agus chuir e iongnadh mòr air Uilleam is Mairead.

"Cò chreideadh gum biodh a leithid de chleas a' dol ann an Dail Chuinnidh?" thuirt Mairead.

"Gheibh na poilis gu bun na cùise gu cinnteach," thuirt Uilleam.

Ach chrath Mairead a ceann. "Tha barrachd an seo na tha sinn an dùil ... " 's cha tuirt i an còrr.

Bha a h-uile rud ceart gu leòr an oidhche sin agus chaidh Catrìona is Eilidh dhachaigh anns a' mhadainn. Bha an taigh aca sàmhach, dùinte 's air dòigh. Cha robh duine sam bith air a bhith a-staigh ann tron oidhche.

Dh'fhaodadh Catrìona coiseachd air trosdannan. Ach bha i gu math sgìth. Shuidh i air an t-sòfa agus cha mhòr nach do thuit i na cadal sa bhad. Las Eilidh an teine agus, nuair a bha Catrìona cofhartail, chaidh i a-mach cuairt.

"Cha bhi mi fada," thuirt i ri a piuthar. "Tha mi dìreach airson a bhith nam aonar greiseag."

Bha a' ghrian ris, ged a bha e fuar, ach bha a' ghaoth a' fàs garbh. Bha beagan aiteimh air a bhith ann agus bha rathaidean a' bhaile dubh, deàrrsach anns a' ghrèin, ged nach robh mòran charbadan rim faicinn.

Ghabh Eilidh an rathad a dh'ionnsaigh taigh Peigi agus chitheadh i aig astar grunn chàraichean mun cuairt air. Ach chaidh i seachad ceann an rathaid mar a rachadh i seachad air bho seo a-mach. Chum i oirre a-mach às a' bhaile, a' coimhead air na beanntan.

"Tha fios agaibhse," thuirt i ri na beanntan os àrd, "tha fios agaibhse cò rinn am murt. Tha sibh air a h-uile rud o thoiseach an t-saoghail fhaicinn. Bidh sibh a' coimhead oirnn, bidh sibh ag èisdeachd rinn mar gu robh sibh beò ach, nuair a bhios sinn ag iarraidh freagairt, bidh sibh balbh! Balbh!" Thòisich i air gàl aige seo, a' faighinn furtachd anns na deòir nach fhaigheadh i ann an dòigh sam bith eile.

Bha i dìreach a' suathadh nan deur sin nuair a mhothaich i aig astar dhan ghliogaid càir aig Raibeart. Dhìon i a sùilean le làimh on ghrèin agus choimhead i gu dlùth air sliabh na beinne 's i geal le sneachda is lagan glasa dubha far nach ruigeadh a' ghrian. Sin mar a dh'aithnich i an t-àite. Seo far an tàinig i còmhla ri Alasdair an latha roimhe. Mun cuairt an oisein bha am fuaran a thaitinn cho mòr ri Alasdair. An ann an sin a bha Raibeart?

Bha beagan eagail oirre dè dhèanadh i nan robh e ann agus, nas miosa, dè dhèanadh esan mas e a mharbh Peigi. Chaidh i mun cuairt an oisein agus, ceart gu leòr, bha e an sin roimhpe, a chùl rithe 's gun e ga faicinn. Dè bha e a' dèanamh?

Stad i far an robh i ga choimhead. Bha sgòthan air a' ghrian a dhubhadh às a-nis 's flinneadh air tòiseachadh. Chunnaic i gu robh Raibeart a' cromadh os cionn an fhuarain. Rinn Eilidh an casad gun iarraidh. Thionndaidh Raibeart 's chunnaic e i. Chlisg Eilidh. Ach 's e Raibeart a ghabh an t-eagal a bu mhotha. Leum e suas agus siud a-mach leis na dheann-ruith air taobh thall an fhuarain.

Ghabh Eilidh beagan misneachd às an seo. Chaidh e à sealladh 's choisich ise chun an fhuarain feuch am faiceadh i dè bha e ris.

Nuair a thàinig i faisg air, chunnaic i gu robh an t-àite a cheart cho bòidheach 's a bha e an turas roimhe. Bha cnapan deighe air gach taobh agus boinneagan uisge a' tuiteam 's a' gliongadaich orra.

Sheall i air an àite far an robh Raibeart air a bhith na ghurraban. Chan fhaiceadh i dad. Ach ... siud rudeigin san uisge.

Chrom i agus chunnaic i cruth duineigin air a

dhèanamh à crèadh na laighe san t-sruth. Ghlac oillt i. Bodach creadha! Bha i air cluinntinn mun deidhinn. 'S e seòrsa buidseachd a bh' ann a chleachdadh daoine anns na làithean a dh'fhalbh. Chuireadh iad cruth creadha air choltas duine àraidh ann an sruth agus, mar a chnàmhadh an t-uisge a' chrèadh air falbh, dh'fhàsadh an duine fhèin bochd 's bhàsaicheadh e nuair a chnàmhadh an corp creadha gu lèir. Bha fios aig daoine an-diugh, ge-ta, nach robh càil air cùl a' ghnothaich.

Ach a' coimhead air an ìomhaigh, chunnaic Eilidh le eagal na cridhe nach b' e 'bodach' creadha idir a bh' ann ach gu soilleir 'nighean' chreadha 's a cas briste. Catrìona!

Dìreach nuair a thuig i seo, chual' i fuaim càir 's cuideigin a' feuchainn ri chur gu dol. Raibeart! Leum i suas 's ruith i dhan oisean 's chunnaic i deireadh a' chàir aige a' dol gu tuath.

Ruith i dhachaigh agus a-steach air doras an taighe. Bha Catrìona na suidhe air an t-sòfa a' fighe.

"Taing do shealbh," thuirt Eilidh, an anapris. "Tha thu ceart gu leòr!"

" 'S mi a tha. Carson nach bitheadh? Dè tha ceàrr ort, Eilidh? Seall! Tha Alasdair air tighinn a chèilidh oirnn."

Chunnaic Eilidh an uair sin Alasdair na shuidhe anns a' chathair mhòir. Cha tug i an aire dha 's i na boil.

"Tha mi duilich. 'S math gu bheil thu ann. Tha mi dìreach air rud uabhasach fhaicinn anns an allt far an robh an dithis againn fhìn an latha roimhe."

Bha iongnadh air Alasdair.

"An robh thu ann leat fhèin?"

"Bha, agus 's dòcha nach creid sibh an rud a chunnaic mi an sin." Agus dh'innis i dhaibh mar a bha Raibeart crom san àite sin agus mùn chorp chreadha a fhuair i ann. "Tha cuideigin ri buidseachd fhathast san sgìre seo," thuirt i.

Leum Alasdair na sheasamh.

"Cha cheadaich mi sin air an oighreachd agam. Thèid mi suas gu taigh Peigi agus innsidh mi dha na poilis. 'S e seo an dearbhadh a tha a dhìth orra."

"Thig mi còmhla riut," thuirt Eilidh.

"Cha tig. Tha e ro chunnartach. Feumaidh tusa fuireach an seo, sùil a chumail air Catriona gus nach tachair càil dhi."

Ged a bha i airson a dhol còmhla ris airson aodann MhicPhàil fhaicinn, bha fios aig Eilidh gu robh e ceart. Bhathar air feuchainn ri Catrìona a mharbhadh mu thràth, ged nach robh fios aig Alasdair air an sin fhathast, agus bha murt cheana sa bhaile. Bhiodh i na bu ghlice gun Catrìona fhàgail na h-aonar is murtair Peigi fhathast mu sgaoil. Murtair a bha fhathast a' creidsinn ann am buidseachd! Cha robh teagamh nach b' e obair duine gun chiall a bh' ann, oir cha do rinn Peigi riamh cron air duine sam bith. Agus ma bha am murtair seo gu cinnteach às a rian, dh'fheumadh gach duine sa bhaile a bhith faiceallach.

Nuair a bha Alasdair air falbh, fhuair Eilidh cupa teatha an duine dhaibh agus, mar a bha iad ga òl, dh'innis i do Chatrìona na smaointean a bha air tighinn thuice.

"Saoilidh mi gur e Raibeart a mharbh Peigi," thuirt Eilidh, "ach, ma tha mi ceart, carson a thill e chun an fhuarain ud son an corp creadha a chur ann? Tha e cho faisg air a' bhaile. Nach dèanadh fuaran sam bith a' chùis ma tha e a' creidsinn ann a leithid de dh'uabhas? No a bheil am fuaran sin sònraichte do bhuidseachd a rèir beul-aithris? Chan aithne dhòmhsa gu bheil. Bidh fios aig Peigi ... "

Bha na faclan air a bilean mus do smaoinich i.

"*Bhitheadh* fios aig Peigi," thuirt Catrìona gu socair, "agus tha fios cinnteach aig Ràibeart leis na rinn e de dh'fhorfhais. Ach carson a thill e agus fios aige gum biodh na poilis 's gach duine a' cumail sùil gheur a-mach air a shon?"

" 'S dòcha gun do thill 's e feuchainn ri cur às dhut, a Chatrìona, a chionn 's gu bheil fios aige gu bheil amharas agad mu rudeigin. Saoil dè dh'fhaodadh a bhith ann? Cò air a bhiodh sibh a' bruidhinn 's tu air chèilidh air Peigi 's a' dèanamh a falt? Nach fheuch thu ri cuimhneachadh?" Thòisich Catrìona a' fighe a-rithist. Mar bu luaithe na bioran 's ann bu luaithe buileach a teanga.

"Bhruidhinneamaid air an teaghlach aice. An triùir bhalach a bhàsaich. Bhàthadh am fear a bu shine aig muir. 'S e a chridhe a thug bàs dhan ath fhear gun e ach òg, agus mharbhadh am fear a b' òige ann an tubaist rathaid. Bhàsaich an duine aice o chionn bhliadhnaichean le leòn a fhuair e anns a' chogadh mu dheireadh. 'S ann orrasan a bhiodh i a' bruidhinn mar bu trice."

" 'S dè eile? Robh idir ròlaistean sam bith aice? Sgeulachdan mu airgead no mu aimhreit no mu chùis sam bith sa bhaile a dh'adhbhraicheadh trioblaid?"

"Bhruidhinneamaid cuideachd air làithean a h-òige, nuair a rachadh i suas dhan Taigh Mhòr a chluich còmhla ri a banacharaid Iseabail ... "

"Còmhla ri Iseabail?" dh'fhaighnich Eilidh.

"Seadh. Piuthar-chèile an duine aig Ealasaid Begg. Bha iad cha mhòr anns na co-aoisean - b' e sinn-sinn-seanair Peigi sinn-sinn-seanair Iseabail."

"Mar sin bha còir aig Peigi air an oighreachd nuair a bhàsaich Iseabail agus an duine gun chlann."

"Bha, bha. Ach 's i bha coma. Bha an duine aice agus na mic marbh, gach duine dhiubh, agus i fhèin suas ann am bliadhnaichean aig an àm. Cha robh i ag iarraidh oighreachd a ruith. 'S mar sin fhuair a bràthair-cèile an oighreachd agus thug iad cead do Pheigi fuireach na dachaigh fad a beatha gun mhàl. Bha a h-uile duine riaraichte. 'S ged nach eil Alasdair dhen teaghlach a bh' ann aig àm Bliadhna Theàrlaich, mar a bha Peigi, tha e laghach gu leòr 's chan eil e a' cur dragh mòr air duine sam bith. Ach ... dh'innis Peigi dhomh gu robh e a' smaointinn air ionad sgithidh a thogail an teis-meadhan a' bhaile mar a tha aca san Aghaidh Mhòir, 's chan eil mòran aig muinntir an àite mun sin. Thuirt Peigi rium cuideachd gu robh fios aicese air dòigh nach tigeadh an sgeama gu buil."

"Dè bha sin?"

"Cha do mhìnich i riamh ach theireadh i uaireannan ... nam biodh duine eile san Taigh Mhòr ... ach cha chanadh i ach sin. Tha mi a' smaoineachadh gu robh i duilich nach robh a mic fhèin beò, agus bhithinn-s' an uair sin a' tionndadh gu cuspair eile."

Bha iad a' beachdachadh mar seo air Peigi bhochd nuair a dh'fhosgail an doras agus a thàinig Alasdair a-steach, MacPhàil na dhèidh.

CAIBIDEIL 12

Bha faothachadh soilleir air aodann Alasdair nuair a thàinig e a-steach.

"Tha mi toilichte gu bheil sibh ceart gu leòr. Bha beagan iomagain orm gun tigeadh Raibeart 's mi air falbh. Seo an Constabal MacPhàil agus seo an t-Inspeactair MacIomhair, a tha air ùr-thighinn à Inbhir Nis a thoirt cuideachaidh dhuinn a thaobh a' mhuirt." Choimhead an duine ùr orra gun mòran bàidh na aodann. Duine beag reamhar a bh' ann. Lean Alasdair air: "An tig thu còmhla rinn, Eilidh, a shealltainn far an do chuir Raibeart am bodach creadha?"

"Thig gu dearbh. Ach dè mu dheidhinn Catrìona? Chan urrainn dhi tighinn 's a cas briste, 's chan eil mi airson a fàgail na h-aonar."

"Na gabhaibh dragh mum dheidhinn-sa. Thèid mi a-staigh gu Uilleam is Mairead. Bidh mi sàbhailte gu leòr an sin. Chan eil mi faireachdainn gu math co-dhiù. Bu mhath leam cadal."

Mus b' urrainn dhi casg a chur air, thàinig smaoin eagalach gu Eilidh. An robh droch bhuaidh a' bhodaich chreadha air grèim a ghabhail air Catrìona mu thràth? Ach mus b' urrainn dhan smaoin grèim fhaighinn oirre fhèin, chuimhnich i nach robh an seo ach rud a bhite a' cleachdadh anns na seann làithean, 's dòcha a dh'aon ghnothach son eagal a chur air daoine. Agus 's dòcha gun dèanadh e cron gun teagamh nan leigeadh daoine leotha fhèin creidsinn ann am buidseachd.

Ach bha aice ri dhearbhadh dha na poilis gur e 'n fhìrinn a bh' aice mun bhodach chreadha. Dh'fheumadh i falbh còmhla riutha chun an fhuarain.

Thog an ceathrar orra ann an càr Alasdair suas an rathad chun an àite far an robh an t-slighe chun an fhuarain a' gearradh sìos on rathad mhòr. Leum iad a-mach an sin agus choisich iad a dh'ionnsaigh an fhuarain. Chaidh Alasdair air thoiseach, an uair sin Eilidh agus an dà phoileasman air an cùlaibh. Ràinig iad an t-àite. Thionndaidh Alasdair gu Eilidh.

"Nis, Eilidh. Seo sinn. Seall dhuinn càite dìreach a bheil am bodach creadha?"

"Thall an siud," fhreagair Eilidh, agus chaidh i null agus chrom i far an robh e. Ach ... cha robh sgeul air. Cha b' urrainn e bhith gu robh e air cnàmh air falbh mu thràth!

Sheall i sìos ris an t-sruth feuch an deach a sguabadh air falbh san uisge ach cha robh mìr dheth ri fhaicinn!

"Chan eil mi ga fhaicinn," thuirt i gu socair.

"Ach feumaidh gu bheil e ann, Eilidh," thuirt Alasdair. "Chunnaic thu e nas tràithe, nach fhaca?"

"Chunnaic. Tha mi cinnteach às. Seo an dearbh àite san robh e," 's i ga shealltainn dha na fir.

"Saoil an do thill Raibeart air a shon agus fios aige gu robh thu air fhaicinn an seo?" dh'fhaighnich Alasdair.

"Cha dèanadh e sin, tha mi cinnteach, air eagal 's gun glacaist' e 's gu rachadh a chur an grèim."

Chrath Alasdair a cheann.

"Tha mi duilich, Inspeactair 'IcIomhair agus a Chonstabail MhicPhàil, ach a rèir coltais tha sinn air a bhith a' caitheamh ur n-ùine gun dòigh."

Bha Eilidh fhathast a' sìreadh a' bhodaich chreadha air a' bhruaich.

"Chan eil mi ga thuigsinn," thuirt i.

"Tha mise," thuirt MacPhail. "Chan e seo a' chiad turas a chuir sibh fiosrachadh brèige thugam. Thug mi rabhadh dhuibh an uair sin agus feumaidh mi a-nis aithisg a chur chun an Ard-Inspeactair. Cha chòrd seo idir ris agus rannsachadh muirt a' dol."

"Ach chunnaic mi e," thuirt Eilidh. "Chunnaic. Bha e ann!"

Am b' e droch aisling a bha seo? Ach an uair sin thàinig smaoin thuice.

"Bidh lorgan ann air an taobh thall far an do

ruith e air falbh. Bidh iad ann gun teagamh." Ruith i a-null ach cha robh ann ach lorgan fèidh. Feumaidh gu robh iad aig an abhainn ag iarraidh deoch.

Choisich iad air ais chun a' chàir. Bha Eilidh le eu-dòchas. Nuair a thàinig i gu tuath a thoirt cuideachadh do Chatrìona bha dùil aice nach biodh ann ach latha no dhà gus am biodh cùisean rèidh; gus an tigeadh an fhìrinn am bàrr. Ach a-nis bha a h-uile càil na bu mhiosa na bha iad riamh. Bha Peigi marbh, bha coltas gu robh cuideigin a' feuchainn ri Catrìona a mharbhadh cuideachd agus a-nis bha ise fo amharas aig na poilis airson fios brèige a thoirt dhaibh - ise nach do dh'innis breug riamh na beatha. Mur e aisling a bh' ann, 's fheudar gu robh i a' dol às a ciall.

Cha do bhruidhinn an triùir eile rithe 's iad a' coiseachd air ais chun a' chàir. Bha cuimhne mhath aig Eilidh air an turas mu dheireadh agus i fhèin is Alasdair a' gabhail na slighe seo còmhla. Bha i cho toilichte an uair sin a bhith a' coiseachd air a chùlaibh, air a dìon on ghaoith fhuair. 'S an sin blàths a ghàirdein mu a gualainn. An-diugh cha robh guth air na nithean seo 's bha fiù 's a dhruim fuar, tàireil. 'S cha bu toigh leatha MacPhàil. Cha do chòrd e rithe on chiad turas a thachair iad air a chèile. 'S cha robh beachd ro mhath aice air an Inspeactair ùr nas motha. Ach bha e duilich, duilich gu robh Alasdair far a dhòghach leatha.

Thill an ceathrar dhan bhaile gun bhruidhinn. Thàinig Eilidh a-mach às a' chàr. Dh'fhuirich na fir na bhroinn. Thuirt MacPhàil, "Chi mi a-rithist sibh a-màireach agus bheir mi comhairle oirbh gun an sgìre fhàgail."

Cha tuirt Alasdair ach "Oidhche mhath" gu stòlda.

'S bha iad air falbh.

Cha do thòisich Eilidh ri gàl gu robh iad a-mach à sealladh. Ged nach robh i riamh a' toirt spèis dha mar leannan, bu toigh leatha Alasdair. Duine a bheireadh beagan furtachd dhi sa bhreislich uabhasaich san robh i.

Bha e fuar a-muigh. Thionndaidh Eilidh agus chunnaic i gu robh Catrìona san doras aig Mairead is Uilleam air a trosdannan ga coimhead.

"Tha thu a' gàl Eilidh - gu dè tha ceàrr?"

"Cha robh sgeul air a' bhodach chreadha. Tha MacPhàil ag ràdh gu bheil mi breugach 's tha e dol a chur aithisg mum dheidhinn chun an Ard-Inspeactair ..."

"Agus ...?"

"Dè tha thu ciallachadh, 'agus' ...?"

"Dìreach sin! Agus? Cha mhi do phiuthar thar nam bliadhnaichean gun fios a bhith agam nuair a tha rudeigin ceàrr ort."

"Thuirt mi ..."

"Tha fios 'am dè thubhairt thu. Thuirt thu na tha ceàrr air MacPhàil ... ach tha fios agamsa. Alasdair nach e? Tha esan air a bhith a' trod riut cuideachd. 'N e sin e? Bheil spèis agad dha?"

Thòisich Eilidh air gàl às ùr.

"O Chatrìona. Nach mi tha gòrach. Is toigh leam e, sin uile. Ach bha mi air mo mhaslachadh 's gun e gam chreidsinn. Coma leam MacPhàil 's an t- Inspeactair spaideil sin à Inbhir Nis!"

Thuirt Catrìona, "Tha thu sgìth Eilidh, sin uile. Thig a-staigh. Tha Uilleam agus Mairead gar feitheamh. Bidh cùisean tòrr nas fheàrr a-màireach."

CAIBIDEIL 13

Ach cha robh. Nuair a dhùisg Eilidh bha a ceann goirt agus bha faireachadh aice, ge b' e dè cho dona 's a bha an gnothach mu thràth, gu robh na bu mhiosa ri tighinn. Chaidh i dhan chidsin airson a bracaist ged nach robh mòran acrais oirre. Bha i a' faireachdainn gu robh i dol cha mhòr às a ciall leis a h-uile rud a bha air tachairt.

Bha Mairead air falbh mu thràth 's i 'g obair aig an Taigh Mhòr an latha sin, ach bha Catrìona aig a' bhòrd 's choimhead i oirre gu dlùth.

"Cha bu chòir dhomh a bhith air iarraidh ort tilleadh, Eilidh," thuirt i, " 's tu air falbh on bhaile na sia bliadhna. Do roghainn fhèin a bha sin. Cha robh e ceart dhòmhsa do thoirt dhachaigh gus na draghan agam fhìn a rèiteachadh. Ged as ann às an seo a tha thu, tha do bheatha a-nis ann am Bearaig a Tuath."

Sheall Eilidh oirre.

"Ach cha do dh'fhàg mi riamh. Tha m' ùidh is mo chridhe san àite seo. Tha mi a' tuigsinn sin a-nis - chan ann a dh'andeoin na tha air tachairt ach *a chionn 's* gun do thachair e. Tha mi air a bhith a' smaointinn air an dearbh rud seo fad na h-oidhche raoir. Bha mi toilichte gu leòr ann am

Bearaig a Tuath, shaoil mi, ach fhad 's a bha mi ann an sin, bha mi ag ionndrain nam beanntan, nan daoine, sàmhchair na dùthcha, fiù 's an sneachda. Ged a tha m' obair an sin, tha mo chridhe fhathast an seo."

"Till ann," thuirt Catriona, "mus tig thu fo gheas an àite seo gu bràth. Teichidh mise mi fhìn nuair a bhios cothrom agam."

"Chan fhalbh mi gus am bi an gnothach seo seachad. Co-dhiù, chan urrainn dhòmhsa falbh an-dràsta 's na poilis ag iarraidh orm fuireach san sgìre. Ach aig a' cheann thall, chan eil fhios 'am am bu toigh leam falbh co-dhiù. Tha Druim Uachdair gam tharraing thuige. Saoilidh mi gu robh e an dàn dhomh tilleadh, ge b' e dè bhios romham."

Thàinig gàire beag gu aodann Catrìona.

"Dè ghòraiche tha seo? Tha thu air a bhith a' coimhead cus dhealbhan faoin air an telebhisean. Ach on a bha thu a' bruidhinn air cuspairean faoin, dè theireadh tu nan cuireadh Alasdair a' cheist?"

Chuir seo dragh air Eilidh.

"Sin an rud a shaoil mi a bhiodh an dàn dhomh nuair a choinnich sinn an latha roimhe. Bha e cho coibhneil, cho làidir, cho ... dìreach cho laghach. Bha mi a' smaointinn gu robh e fàbharach gun do chuir thu gam iarraidh an-dràsta. Ach a-raoir chunnaic mi taobh eile dheth agus is math gum faca. 'S e na tha an dàn dhòmhsa a-nis dìreach a bhith gad chuideachadh fhèin."

Chual' iad càr a muigh.

"Cò tha sin cho tràth sa mhadainn?" thuirt Uilleam bho chùl a' phàipeir- naidheachd. Chlisg Eilidh is Catrìona. Cha robh cuimhne aca gu robh e ann leis cho sàmhach 's a bha e. Choimhead iad air a chèile. Bha e air a h-uile facal a chluinntinn mu Alasdair, pòsadh 's a h-uile rud, agus Mairead shuas aig an Taigh Mhòr. Bha Eilidh air a nàrachadh. Choimhead i a-mach air an uinneig. Cha b' urrainn dhi a chreidsinn.

" 'S e Alasdair a th' ann. Le Mairead!"

Thàinig an dithis a-steach. Thug Alasdair sùil aithgheàrr air Eilidh.

"Madainn mhath," thuirt e. "Seo Mairead air tilleadh. Chan eil obair ann dhi aig an Taigh Mhòr an-diugh oir tha mo mhàthair air falbh a Dhùn Eideann airson latha no dhà. Tha eagal oirre a bhith na h-aonar aig an taigh 's mise gu bhith air falbh fad na maidne cha mhòr air tòir a' mhurtair. Faodaidh i tilleadh nuair a ghlacar e."

"Nach math dhi fhèin sin," thuirt Eilidh gu searbh.

Cha robh e dualtach dhi bruidhinn cho nimheil agus sheall Alasdair gu geur oirre.

"Tha mi duilich, Eilidh, gu robh mi cho fuar riut a-raoir. Bha mi sgìth. Na bi a' smaointinn gura tusa as coireach nach tàinig mi a-steach a-raoir.

'S tha mi trang an-diugh cuideachd a' cuideachadh nam poileas far an urrainn dhomh. Tha mi 'n dòchas gun glacar Raibeart a dh'aithghearr. Bidh sibhse sàbhailte gu leòr còmhla ri Uilleam is Mairead, agus ma chì sibh sgeul sam bith air Raibeart, an cuir sibh fios air a' phoileas sa bhad?"

Nuair a dh'fhalbh e, bha Eilidh a' faireachdainn aonranach. Bha e doirbh cuideachd dhi fhein 's do Chatrìona gun a bhith smaointinn air Peigi bhochd. Thòisich iad air iomairt chairtean gus an inntinnean a thogail. Bha Uilleam fhathast a' leughadh a' phàipeir-naidheachd 's bha Mairead a-nis trang sa chidsin. Cha robh i ag iarraidh cuideachaidh idir, thuirt i. Bha an cidsin ro bheag.

An dèidh greis dh'fhàs Catrìona cadalach.

"Caidleadh tusa," thuirt Eilidh, "agus thèid mise a-mach cuairt. Tha mi air fàs searbh a-staigh 's gun fios 'am dè tha tachairt."

"Chan eil thu glic," thuirt Catrìona. Bha Uilleam a-nis a' lìonadh a phìob 's a' crathadh a chinn.

"Cha bhi mi fada," thuirt Eilidh, 's bha i a-mach an doras mus d' fhuair duine dhiubh a stad.

Bha e fuar reòthta a-muigh agus bha an sneachda cruaidh a' briseadh fo a casan. Cha do ghabh i rathad an fhuarain an-diugh idir. Dè 'm feum? Ghabh i an rathad gu ceann eile a' bhaile.

Ged nach robh an rathad a' coimhead ro chunnartach, cha robh mòran chàraichean air. Thòisich Eilidh air beachdachadh air a h-uile rud a bha air tachairt on a thàinig i dhachaigh a Dhail Chuinnidh, a' feuchainn ri ciall a thoirt dhan ghnothach.

A' chiad rud, ma-tha, tubaist Catrìona. 'S an uair sin ise a' tilleadh, 's an sin duine, no daoine gu dearbh, a' dèanamh bùrach san taigh agus ga sgioblachadh nan dèidh. Raibeart ga dràibheadh dhan ospadal! Dè bha fa-near dha? An robh esan airson faighinn a-mach dè a' chuimhne a bh' aig Catrìona air an tubaist no am faca i àireamh a' chàir no fiù 's aodann an dràibheir? Cha b'e Raibeart a rinn am bùrach san taigh, air no nam b' e, 's fheudar gu robh cuideigin còmhla ris a sgioblaich an taigh 's e fhèin ann an Inbhir Nis. 'S e sin, 's fheudar, a dh'fhàg cho toileach e ise a dhràibheadh dhan ospadal!

Mhothaich i gu robh i dìreach a' dol seachad air taigh Raibeirt fhèin - an *chalet* fhiodha. Cha robh toit às an t-similear. Cha bhitheadh, gu nàdarra. Nach do theich e? Nuair a sheall i na bu dlùithe air a' bhothan bheag, chunnaic i gu robh tòrr lorgan air staran a' *chalet* 's clais thaidhrichean san àite-parcaidh aige. Saoil an robh e a' fuireach an àiteigin eile faisg air làimh an dèidh a bhith aig an fhuaran an latha roimhe? 'S dòcha gu robh e am falach aig taigh a cho-choirich, ge b' e cò e no i - i, math dh'fhaodte, oir 's e boireannach a dh'fhòn dhan t-ospadal a' leigeil oirre gur i Eilidh a bh' ann. An àite feuchainn ri Raibeart a lorg 's dòcha gum biodh e na b' fhasa an companach seo a dhùsgadh às a' choille.

Ghabh i suas chun an dorais gu bragail 's fios aice nach biodh Raibeart a-staigh. 'S e duine seòlta a bh' ann. Chumadh esan a cheann sìos, bha sin cinnteach. Choimhead i a-steach gu fàthach. Cha robh mòran ri fhaicinn. Dh'fheuch i an doras. Cha robh e glaiste. Chaidh i a-steach.

Bha e caran dorcha a-staigh leis cho sgòthach 's a bha an latha. Bha a h-uile rud dìreach mar a bha e a' chiad oidhche nuair a ghabh iad biadh an seo còmhla - na leabhraichean, na teipichean, na pàipearan air feadh an àite. Chuimhnich i mar a bha leth-nòisean aice dheth an uair sin. Nach annasach mar a bha cùisean air atharrachadh cho luath. Ach nach neònach gun do dh'fhàg e na teipichean 's iad cho luachmhor dha. Feumaidh gun do dh'fhalbh e na chabhaig. Ach gu dè bha sin air a' bhòrd?

Chaidh i na b' fhaisge. 'S e pìosan pàipeir a bh' ann; coltas orra gur ann à leabhar a chaidh an sracadh. Choimhead i orra na bu mhionaidiche. Air a' chiad fhear bha sgrìobhte 'Leabhraichean an t-Seann Tiomnaidh agus an Tiomnaidh Nuaidh'. Air an dàrna duilleag bha ainmean nan leabhraichean fhèin air an clàradh agus air an treas tè bha 'Ceud leabhar Mhaois d' an ainm Genesis'.   Leugh i pìos eile. 'San toiseach chruthaich Dia na nèamhan agus an talamh.'

Gu h-obann chuir cuideigin an solas air. Thionndaidh i mun cuairt, air a clisgeadh. 'S e Alasdair a bh' ann, MacPhàil na chois.

"O Alasdair, tha mi toilichte d' fhaicinn. Seall na fhuair mi an seo ... "

Chuir MacPhàil casg oirre

"Agus dè gu dearbh a tha sibh a' dèanamh an seo, Eilidh? Ri goid?"

"Chan eil idir. Bha mi dìreach a' coiseachd seachad agus thàinig mi a-staigh o nach robh an doras glaiste, feuch an robh dad ann a dhearbhadh gur esan a mhurt Peigi."

Bha MacPhàil a' coimhead oirre is gun e ag ràdh guth.   Cha robh fiù 's a pheansail a' sgrìobhadh.

"Cha bhodraig mi na breugan seo a sgrìobhadh." Thionndaidh e gu Alasdair, a bha a' coimhead air na duilleagan a bha air a' bhòrd. "Dè th' agaibh an sin, Alasdair?"

"Tha trì duilleagan à Bìoball air choreigin."

Bha snodha air aodann Eilidh a-nis. Dh'èisdeadh iad rithe an turas seo.

"Agus cuiridh mi geall gur ann à Bìoball Peigi a tha iad," thuirt i gu luath. Bha i toilichte nuair a chunnaic i gun do thuig Alasdair cho cudromach 's a bha iad.

"Mas ann à Bìoball Peigi a tha iad, 's iad an ceangal eadar Raibeart agus am murt. Seo an dearbhadh air a bheil sinn a' feitheamh. Nach tèid sinn suas gu taigh Peigi a choimhead air a' Bhìoball."

CAIBIDEIL 14

Bha an Range Rover aig Alasdair aig doras Raibeirt agus cha b' fhada gus an robh iad air ais aig taigh Peigi, far an robh Aonad Rannsachaidh a' phoilis. Bha dà phoileasman eile a-staigh a bharrachd air Alasdair 's MacPhàil - b' e an t-Inspeactair fear dhiubh.

"Seo Eilidh Nic a' Phearsain," thuirt MacPhail nuair a chaidh iad a-steach, agus bha fios aig a h-uile duine aca nach b' e cèilidh cridheil a bha gu bhith ann.

"Chaidh mi fhìn 's Maighstir Alasdair gu taigh Raibeirt Dhonaldson," thuirt MacPhàil ris an Inspeactair, " feuch an robh e a-staigh no an robh dad ann an sin a dh'innseadh dhuinn far am faodadh e bhith. Cha robh e a-staigh gu dearbh, ach fhuair sinn am boireannach seo ann 's i trang a' rùrach an àite. Bha na duilleagan seo aice na làimh." Chuir e na duilleagan air an deasg air beulaibh a h-uile duine. Thog an t-Inspeactair iad.

"Duilleagan à Bìoball ... à Bìoball Peigi, saoilibh? Feumaidh sinn dèanamh cinnteach. A Dhonnchaidh, an tèid thu dhan rùm eile a dh'iarraidh a' Bhìobaill?"

Dh'fhalbh am poileasman òg gun ghuth a ràdh agus bha e air ais sa bhad, am Bìoball fo achlais.

"Tapadh leat," thuirt an duine eile. "Nise, chì sinn."

Dh'fhosgail e an leabhar trom agus bha e soilleir gu robh na duilleagan toisich air an sracadh às. B' e taobh-duilleig a trì a' chiad duilleag.

"Agus," thuirt MacPhàil, "tha duilleag a dhà an seo againn ... Seo na duilleagan às an leabhar gun teagamh."

"Agus carson a bha iad agaibhse?" dh'fhaighnich an t-Inspeactair de dh'Eilidh.

"Thog mi iad dìreach on bhòrd," thuirt i le eagal nach creideadh iad i. Agus cha do chreid!

"Carson a bha sibh an taigh Dhonaldson, ma-tha? A bheil sibh eòlach air?"

"Chan eil. Mar a thubhairt mi, bha mi dìreach a' dol seachad agus chaidh mi a-steach a dh'fhaicinn an robh dad ann a dhearbhadh gur esan a rinn am murt ..." Chuir MacPhàil casg oirre.

" ... no ga bhreugachadh. Thuirt cuideigin gum faca iad an dithis agaibh a' faighinn far na h-aon trèan aig an stèisean an latha roimhe."

Bha Eilidh a' gal a-nis.

"Thachair mi ris airson a' chiad turas air an trèan sin. 'S e an fhìrinn a th' ann a thaobh duilleagan a' Bhìobaill. Alasdair, innis dhaibh gu bheil mi neo-chiontach."

Thionndaidh Alasdair gu mall.

"Chan urrainn dhomh sin a dhèanamh, Eilidh, oir cha robh mi an làthair aig a' mhurt ... ach ... dh' fhaodadh gur e an fhìrinn a th' ann ... "

"Chan eil e gu deifir," thuirt MacPhàil. "Cha chuir am breitheamh mòran suim ann an caraidean co-dhiù, agus tha fios agamsa gun innis i na breugan uair sam bith."

"Dè tha thu a' ciallachadh?" dh'fhaighnich an t-Inspeactair.

"Bho chionn a dha no trì oidhcheannan, thàinig i fhèin agus Raibeart Donaldson gu stèisean-poilis Bhail' Ur an t-Sleibh' a dh'innse gu robh mèirleach air a bhith an taigh a' bhoireannaich seo - seadh, aig taigh a peathar far a bheil i a' fuireach an-dràsta. Thuirt i gu robh gach nì san taigh air fhàgail na bhùrach. Nuair a ràinig mi - agus 's e oidhche dhubh dhorcha a bh' ann - chan e a-mhàin gu robh an taigh aice cho rèidh ri rèidh 's air a sgioblachadh cho math ach gun saoileadh tu gu robh dùil aice ris a' bhanrigh.

"A-rithist, a-raoir, thuirt i gu robh i air bodach creadha fhaighinn ann am fuaran faisg air a' bhaile. Nuair a chaidh mi còmhla rithe chun an àite, cha robh càil dhen t-seòrsa ri fhaicinn!" Chrath e a cheann. "Tha a piuthar air an aon dòigh: bha ise a' bruidhinn air tubaist rathaid nach robh ann. Cha chreidinn facal sam bith à beul an dithis aca. Agus mar sin 's e ceist chudromach a tha romhainn a-nis. Ciamar a tha fios againn nach i Eilidh fhèin a mhurt Peigi? Bha an cothrom aice. Nach e ise a 'fhuair' an corp?"

Bha eagal mòr air Eilidh a-nis agus leig i sgal os àrd: "Gu dearbha fhèine cha mhi. Carson a dhèanainn-sa sin?"

Bha greann air aghaidh MhicPhàil.

"A chionn 's gun d' fhuair sinn tiomnadh Peigi. Bha i a' fàgail a h-airgid gu lèir aig Catrìona ur piuthar. Agus cha bheag an t-airgead sin agus ise gun teaghlach beò air fhàgail aice. Dh'fhaodadh e bhith gun do bhris ur piuthar a cas a' feuchainn ri faighinn a-steach ga marbhadh air an oidhche agus gun do dh'fhairtlich e oirre 's gun do chuir i fios thugaibh fhèin tighinn a-nuas gus an gnìomh a chrìochnachadh agus an t-airgead a roinn eadaraibh, agus an uair sin dh'innis sibh na breugan mu na mèirlich san taigh aice agus am bodach creadha gus truas a thogail. Bha mi cinnteach gu robh barrachd ann na shaoileadh duine. Ach cha tuirt mi dad, a' feitheamh gu foighidneach airson na ciad mhearachd, agus seo i, na duilleagan às an dearbh Bhìoball a mhurt Peigi nur làimh."

Bha an t-Inspeactair a' coimhead air Eilidh gu geur.

"Seadh, Eilidh," thuirt e mu dheireadh thall, "dè

th' agaibh ri ràdh ris an sin?"

Bha Eilidh dìreach na breislich. Dè b' urrainn dhi ràdha? Ge b' e dè a theireadh i, cha chreideadh duin' ac' i, ach 's dòcha Alasdair, ach bha am poileas a' smaointinn gum b' esan a leannan 's cha robh mòran diù aca dha.

"Chan e sin an fhìrinn!"

"Dè an fhìrinn, ma-tha?"

"Chan eil mi cinnteach."

Thug na poilis sùil air a chèile.

"Tha e fàs anmoch," thuirt an t-Inspeactair. "Togaidh sinn dìreach lorgan nam meòirean agaibh." Cha tug sin mòran ùine. Bha Eilidh mar gum biodh i fo gheasaibh agus rinn i na chaidh iarraidh oirre gun strì, gun ghuth a ràdh, a sùilean air a' bhalla mu coinneimh.

Nuair a bha iad deiseil, thuirt MacPhàil,

"Faodaidh sibh a dhol dhachaigh a-nochd. Bidh barrachd cheistean againn dhuibh a-màireach. An tèid sibhse an urras oirre, Alasdair?"

"Gu dearbha, thèid. Dè an uair a bhios sibh ga h-iarraidh a-staigh?"

"Nì deich uairean an gnothach."

"Ceart, ma-tha! Thugainn, Eilidh." Ghabh e grèim air làimh oirre agus dh'fhalbh iad. Bha Eilidh toilichte gu robh làmh na cofhartachd ann. Cha robh i riamh na beatha a' faireachdainn cho aonranach.

"Chan eil thusa a' creidsinn gun do rinn mise

am murt, Alasdair, a bheil?"

"Chan eil idir Eilidh," thuirt e gu luath - gu clis. "Tha mise cinnteach gur e Raibeart a rinn e. Bha an cothrom aige. Bha e eòlach air Peigi agus - an rud as cudromaiche - chan eil sgeul air on a thachair am murt."

" ... ach an latha a chunnaic mi e aig an fhuaran leis a' bhodach chreadha."

"A bheil thu cinnteach gur e esan a bh' ann, Eilidh? Nuair a bhios sneachda ann, shaoileadh tu aig astar gur e fiadh duine."

"Ach am bodach creadha - bha sin ann gun teagamh."

"An robh?" thuirt Alasdair gu socair. "Thugainn, Eilidh. Thèid sinn dhachaigh."

Chuimhnich Eilidh an uair sin air Catrìona.

"Bidh Catrìona às a rian leis cho anmoch 's a tha e 's mi gun tilleadh. Thuirt mi nach bithinn fad' air falbh."

"Na gabh dragh. Dh'fhòn mi gu taigh Uilleim is Maireid fhad 's a bha na poilis a' togail nam meòirean agad."

Bha Eilidh na bu shunndaiche ged a bha a guth searbh.

"Tha thu mìorbhaileach, Alasdair. Bidh thu a' smaointinn air a h-uile càil."

Rinn esan gàire. Fad mionaid bha i a' smaointinn gum pògadh e i, ach cha do rinn e ach a ghàirdean a chur mu a gualainn.

"Thugainn, Eilidh."

CAIBIDEIL 15

Bha Catrìona gu cinnteach gu dhol às a rian mus do thill Eilidh còmhla ri Alasdair. Leum i suas air a leth-chois nuair a nochd an dithis aca staigh.

"Eilidh ... dè tha tachairt ...?"

Dh'innis Alasdair gu robh na poilis air a bhith a' ceasnachadh Eilidh aig taigh Peigi.

"Ach carson ?" dh'fhaighnich Catrìona. " 'S cinnteach nach eil iad a' smaoineachadh gura tusa rinn am murt?"

Thòisich Eilidh an uair sin air gal. Cha b' urrainn dhi bruidhinn. Thionndaidh Catrìona gu Alasdair. "A bheil?"

"Tha," thuirt Alasdair, "ach 's cinnteach gu faigh iad a-mach a-màireach gu bheil iad ceàrr. Tha iad airson a ceasnachadh a-rithist a-màireach aig deich uairean. Tillidh mi beagan roimhe sin."

Dh'fhalbh e gun oidhche mhath a ràdh ach bha Eilidh coma co-dhiù an oidhche sin. Bha i na suidhe ann an cathair, a sùilean gun ghluasad, a' coimhead air a' bhalla roimhpe. Chaidh Mairead gu a taobh.

"O Eilidh, a thruaghag bhochd, bidh cùisean nas fheàrr le beagan bìdh nad bhroinn."

"Chan eil an t-acras orm."

"Ach feumaidh tu ithe."

"Carson? Chan eil feum an dad. Tha iad a' smaointinn gun do mharbh mise Peigi, 's ge b' e dè tha mi ag ràdh chan eil iad gam chreidsinn, agus 's gann gu bheil Alasdair gam chreidsinn a bharrachd."

"Ach carson?"

"A chionn 's nach robh mèirlich ann nuair a thuirt mi gu robh, a chionn 's nach robh bodach creadha ann nuair a thuirt mi gu robh. A Chatrìona, a bheil mi dol às mo chiall?"

"Chan eil idir! Cuimhnich gun do thachair an dearbh rud dhòmhsa. Bhris mi mo chas ann an tubaist rathaid nach robh riamh ann, a rèir choltais."

"O, bha iad a' bruidhinn mu do dheidhinn-sa cuideachd, is dùil aca gu bheil thusa thu fhèin an lùib a' ghnothaich."

Chaidh Mairead a-mach dhan chidsin agus thill i am beagan ùine le bobhla brot do dh'Eilidh. "Bodach creadha ... buidseachd ... dè 'n seòrsa duine bhiodh ris a leithid? Dè do bheachd, Uilleim?"

Bha Uilleam san oisean mar a b' àbhaist a' leughadh a' phàipeir-naidheachd.

" 'S e mo bheachd-sa gum bu chòir dhaibh Raibeart a ghlacadh cho luath 's a ghabhas."

Cha b' urrainn do dh'Eilidh cadal an oidhche sin. Dh'èirich i aig seachd uairean. Bha Mairead sa chidsin mu thràth.

"Tha mi dol a-mach, a Mhairead."

"Bheil thu glic, Eilidh! Tha e fuar a-muigh. Tha tuilleadh sneachda air tuiteam tron oidhche agus bidh Alasdair a' tighinn air do shon aig a deich."

"Cha tèid mi fada, 's bidh mi air ais fada ro dheich uairean - na biodh eagal ort. Tha mi airson beagan smaoineachaidh a dhèanamh. Tha a h-uile rud a tha air a bhith tachairt a' dol troimhe-chèile nam cheann agus tha mi airson sùil a thoirt air ais feuch a bheil freagairt ann mus tèid mi air beulaibh a' phoilis an-diugh."

Bha e fuar, dorcha a-muigh gun teagamh, 's choisich Eilidh gu luath gus i fhèin a chumail blàth. Bha e math a bhith a' coiseachd air sneachda ùr. Bha solais na sràide a' deàrrsadh air an t-sneachda mar theinntean gun bhlàths. Bha an t-adhar dorcha, dubh os a cionn mar tholl gun ghrunnd, mar cheist gun fhuasgladh. Ach cha robh e furasda coiseachd agus 's dòcha mu throigh de shneachda air tuiteam. A-mach às a' bhaile cha robh e cho dorcha nuair a dh'fhàs na sùilean cleachdte ris, oir bha an sneachd' a' tilgeil solas na gealaich air ais, agus bha na reultan gu math soilleir aon uair 's gu robh i air falbh bho sholais na sràide.

"Chan e rathad gun cheann a tha seo idir," thuirt Eilidh rithe fhèin. "Gheibhear fuasgladh air a'

cheist." Thòisich i a' faireachdainn na b' fheàrr.
Mhothaich i an uair sin gu robh i dìreach faisg air
an àite far an robh an t-slighe dhan fhuaran. An
rachadh i ann? Sheall i air gach taobh. Cha robh
duine mun cuairt. Rachadh!

Bha e doirbh an t-slighe a dhèanamh a-mach
agus an sneachda cho tiugh, oir cha robh lorgan
ann far an cuireadh i a casan fhèin san t-sneachda
dhomhainn mar a bh' ann a' chiad uair a thàinig i
dhan àite seo còmhla ri Alasdair. Nach i bha sona
an turas ud! Cha robh toileachadh sam bith na
cridhe an ceartuair.

Ràinig i am fuaran. Bha e dìreach àlainn leis an
deigh agus cleiteagan de shneachda ùr sgapte air
uachdar. Cha robh dùil aice ri bodach creadha
fhaicinn ach thug i sùil air an àite co-dhiù. Ach 's
i a ghabh an t-eagal nuair a chunnaic i gu robh
bodach creadha ann! Chrom i sìos na b' fhaisge
air agus thàinig eagal fuar na cridhe. Bha am
bodach creadha na laighe san uisge. Ach cha b'
ionnan e 's am bodach creadha a bh' ann an latha
roimhe. Bha an dà chois slàn agus bha falt fada,
dubh air a phleatadh air a cheann. B' e dealbh
dhith fhèin a bh' air an fhear seo!

Ghabh eagal mòr grèim air Eilidh 's thàinig
crith oirre. Ach chreideadh iad a-nis i, ge-ta.
Chan fhàgadh i am bodach creadha san uisge an
turas seo. Bheireadh i leatha e. Rachadh i suas
dhan Taigh Mhòr an toiseach agus rachadh i fhèin

agus Alasdair a dh'fhaicinn nam poileas an uair sin. Dh'fheumadh iad a creidsinn an turas seo.

A' cumail grèim teann air, rinn i às leis. An àite tilleadh dhan bhaile air an rathad mhòr, bhiodh e na bu luaithe a dhol thar a' mhonaidh chun an Taighe Mhòir. Bhiodh e na bu ghlice cuideachd. Oir bhiodh fios aig a h-uile duine sa bhaile gu robh amharas aig a' phoileas oirre mun mhurt, 's cha robh i airson a bhith a' bruidhinn ri duine nach tuigeadh an suidheachadh. Ach cha robh e furasda coiseachd air a' mhonadh. Bha an sneachda na bu doimhne agus e na laighe air badan fraoich. Bha i a' dol am bogadh san t-sneachda 's fon fhraoch gu ruige a meadhan. Chitheadh i solas an Taighe Mhòir bhuaipe, agus sgìth 's gu robh i, chum i grèim teann air a' bhodach chreadha. Chreideadh iad a-nis i.

'S e truaghag fhliuch, fhuar a phut clag dorais an Taighe Mhòir. Bha iongnadh mòr air Alasdair a faicinn mar seo cho tràth sa mhadainn.

CAIBIDEIL 16

"Eilidh! Dè fon ghrèin a tha thu dèanamh an seo? Nach tuirt mi gun tiginn chun an taighe air do shon? Agus cho fliuch 's a tha thu!"

Chaidh Eilidh a-steach gu toileach.

"Seall, Alasdair! Bodach creadha! Seo an dearbhadh a tha dhìth orra mu dheireadh thall a sheallas nach eil mi ag innse bhreugan."

Chuir i am bodach creadha na làimh. Choimhead esan gu geur air.

"Càit an d' fhuair thu e?"

"Anns an fhuaran. Thill mi a-rithist ann, an dòchas gu robh mearachd ann agus gum faighinn am bodach creadha. Seo e."

"Ach nach tuirt thu gur e bodach creadha le cas bhriste a bh' ann - ìomhaigh do pheathar?"

"Thubhairt. Gu dearbha thubhairt, ach a bheil thu dall? Chan e an aon bhodach creadha a th' ann idir ach fear eile - le falt fada dubh - nach fhaic thu? 'S e m' ìomhaigh fhìn a th' ann."

Sheall esan air gu mionaideach.

"Uill, tha e car coltach riut - bog fliuch, fuar. Tha thu air chrith leis an fhuachd, Eilidh. Thig a-steach no bidh thu marbh dha-rìribh. Tha an stòbh a' dol anns a' chidsin. Trobhad."

Bha e glè bhlàth anns a' chidsin agus chuir Eilidh dhith a còta 's a bòtannan. Bha i coma a bhith fliuch 's i cho toilichte am bodach creadha fhaighinn. Bha coire air an stòbh agus rinn Alasdair cupa teatha dhi. Bha i cho toilichte 's i a' gàireachdainn a-rithist.

"Cha shaoileadh Raibeart gun tillinn chun an fhuarain. An tèid sinn a shealltainn a' bhodaich chreadha dhan phoileas?"

"Na bi ro chabhagach, Eilidh. Ged a fhuair thu e, chan eil sin na dhearbhadh idir. Tha amharas aca an-dràsta gur tusa a rinn am murt. Tha iad a' creidsinn gu mòr gum bi thu ag innse bhreug. Ciamar a bhios fios aca nach do rinn thu fhèin am bodach creadha? Cuimhnich air inntinn nam poileas."

Chuir seo iongnadh air Eilidh.

"Ach Alasdair, chan eil thusa a' smaointinn gu bheil mi ag innse bhreug, a bheil?"

Cha do fhreagair e air ball ach air a shocair thuirt e, "Tha mise a' smaointinn gum b' fheàrr dhut gun innse mun bhodach chreadha an-dràsta."

Cha robh Eilidh ga thuigsinn 's mhothaich e dhan sin.

"... gus am bi sinn cinnteach, eil fhios agad," chuir e ris.

Bha eagal oirre a-nis nuair a thuig i nach robh Alasdair ga creidsinn: "Ach, Alasdair, 's e

Raibeart a rinn am murt, cha mhise idir. Nach creid thu mi!"

Shuidh Alasdair air cathair agus chuir e am bodach creadha air a' bhòrd mu choinneimh gu faiceallach.

"OK, ma-tha, dearbh dhomh e. Leig ort gur e poileasman a th' annamsa. Nise, carson a tha fios agad gun do rinn Raibeart am murt?"

Shìn Eilidh a-mach a làmhan ris an stòbh airson beagan blàiths fhaighinn. Thug i sùil air ais na h-inntinn.

"Thòisich an gnothach le tubaist rathaid a thachair do Chatrìona. Chuir cuideigin tàirngean air an rathad anns an dorchadas a tholl taidhr na bhan aice. B' fheudar dhi an roth eile a chur oirre agus fhad 's a bha i ga dhèanamh thàinig càr eile oirre, ach chaidh aice air leum dhan dìg, ach bhris i a cas ..."

"Ach nach robh a' bhan aice ceart gu leòr an ath latha? Cha robh an tubaist ach na h-inntinn. Chan fhaca duine eile i. 'S cha robh na tàirngean air an rathad nuair a thill am poileas a choimhead air an son."

"Tha mi a' creidsinn na thuirt mo phiuthar!" Agus lean i oirre: "An uair sin thachair mi air Raibeart air an trèana. Cho luath 's a bha fios aige cò mi agus fàth mo thurais, bha e ro chàirdeil rium a dh'aindeoin 's an cofaidh a dhòirt e orm sa chiad dol a-mach. Sin tubaist eile a thachair."

"Am b' e gu dearbh?"

"B' e! Agus thairg e lioft dhomh dhan ospadal a' chiad oidhche. Bha e ro dheònach an oidhche ud a dhol chun a' phoilis mu na mèirlich a bhris a-staigh."

"Ach nach tuirt am poileas nach robh na mèirlich ann. Thuirt MacPhàil gu robh an taigh buileach rèidh nuair a thill sibh."

" 'S e a bha, agus 's e sin a chuir an dragh ormsa cuideachd," thuirt Eilidh. "Ach tha mi a' faicinn a-nis - feumaidh gu bheil caraid air choreigin aige, a rinn an sgioblachadh fhad 's a bha esan gam thoirt dhan ospadal. 'S e sin an rud nach robh mi tuigsinn ach tha e soilleir dhomh a-nis. Feumaidh gur e boireannach a th' ann, oir dh'fhòn cuideigin an t-ospadal an ath latha a' leigeil oirre gur i piuthar Catrìona. Agus tha mi a' creidsinn gur ann aig taigh na tè sin a tha e am falach an ceartuair.

"An uair sin mharbh e Peigi leis a' Bhìoball. Bha e shuas aig taigh Peigi cha mhòr a h-uile latha, 's mar sin bha cothrom aige 's bha adhbhar aige cuideachd 's e a' feuchainn ri fiosrachadh air choreigin fhaighinn o Pheigi nach robh i deònach a thoirt dha. Tha am fiosrachadh sin aig Catrìona cuideachd ach chan innis i dhòmhs' e, oir tha e ro chunnartach. Tha e coltach gu robh Raibeart ag iarraidh an fhiosrachaidh sin agus gun do dh'fhàs e feargach an latha sin nuair a dhiùlt Peigi innse dha."

Bha Alasdair na shuidhe gu sàmhach, gun ghluasad, ag èisdeachd rithe. Bha Eilidh toilichte gu robh cuideigin mu dheireadh thall ag èisdeachd ris an sgeul aice.

"Bheil thu smaointinn gur e fiosrachadh a bha e ag iarraidh bhuaipe? An robh e idir airson airgead fhaighinn bhuaipe? Bha e dol mun cuairt a' bhaile air fad agus a' bruidhinn ri na seann daoine. Tha beachd agam gu robh e airson grèim fhaighinn air an airgead aca - a' leigeil air gu robh e a' cruinneachadh sgeulachdan 's òran agus a' feuchainn ri bhith càirdeil riutha. Bha e daonnan cho coibhneil riutha."

"Bha e còir riumsa nuair a thàinig mise an tòiseach," thuirt Eilidh.

Rinn Alasdair gàire bheag.

"Bha gu dearbh. Bha eagal orm gu robh thu air do chridhe a thoirt dha nuair a thachair sinn a' chiad turas."

An sin chuala iad fuaim càir a-muigh. Choimhead Alasdair a-mach air an uinneig.

"Uill, uill," thuirt e gu socair. "Seo e fhèin!"

"Cò?"

"Cò ach Raibeart Rannsachaidh!"

Leum Eilidh na seasamh le eagal.

"Ach thàinig e gam mhurt. Tha fios aige gu bheil fios agamsa gur e a rinn am murt. Seall mar a rinn e am bodach creadha sin!"

"Air do shocair! Cuiridh mi às dhan bhodach

chreadha." Agus dh'fhosgail e doras an stòbh agus thilg e dhan tein' e.

Leig Eilidh sgreuch aiste: "Ma chuireas tu às dha, cuiridh tu às dhòmhsa."

Bha Alasdair a' gàireachdainn.

"Chan eil thu a' creidsinn ann an leithid de rud, a bheil? Siuthad a-nis. Rach am falach sa phreasa mhòr seo." Sheall e doras dhi agus chaidh i a-steach. Thilg e a còta 's a bòtannan às a dèidh.

Bha e dorcha am broinn a' phreasa, ach nuair a dh'fhàs a sùilean cleachdte ris, chunnaic i gu robh uinneag bheag bhìodach gu h-àrd air a' bhalla, 's ged a bha e fhathast caran dorcha a-muigh, dhèanadh i a-mach sgeilpichean, crogain is soithichean. Bha e coltach gur e preasa bìdh a bh' ann. Bha bogsaichean fiodha air an làr 's shuidh Eilidh air fear dhiubh.

Chluinneadh i guthan air taobh thall an dorais. An guth ìosal ceòlmhor aig Alasdair agus an guth làidir feargach aig Raibeart. Cha chluinneadh i na bha iad ag ràdh ach bha i air chrith le eagal. Fhuair i poit mhòr a bha faisg air làimh agus ghlac i i. Nam biodh sabaid ann bhiodh ise deiseil air a shon. Bha na guthan a' fàs na b' àirde agus an uair sin chualas fuaim bhuillean, 's an sin - sàmhchair!

Cha robh fios aice dè bh' air tachairt. Cha

b' urrainn dhi tighinn a-mach gun fhios nach robh Alasdair marbh agus Raibeart ga feitheamh. Nam biodh Alasdair beò, thigeadh e ga leigeil a-mach às a' phreasa, 's mar sin shaoil i gur h-e Raibeart a ghlèidh.

Chuala i an uair sin casan a' teannadh dlùth. Sheas i sa phreasa dhorcha leis a' phoit na làimh air a togail suas.

Thionndadh iuchair sa ghlais 's dh'fhalbh na casan.

Bha i air a glasadh a-staigh!

CAIBIDEIL 17

Cha robh dad ri chluinntinn fad greis. Dè bha air tachairt? An uair sin chuala i càr a' dèanamh às. Cha robh i ro eòlach air fuaim nan deifir chàraichean ach bha làn-fhios aice nach b' e einnsean socair, rèidh Range Rover Alasdair a bh' ann ach gleadhair àrd carbad Raibeirt. Leig i osna. Bha e air falbh. Ach Alasdair - dè bha air tachairt dha? Dh'fheuch i an doras an dòchas ach bha e fhathast glaiste. Dh'èigh i gu h-àrd turas no dhà, ach mar a bha dùil aice, cha robh fiù 's mac-talla ga freagairt.

Shuidh i air ais air a' bhogsa. "Saoil ciamar a bha fios aige gu robh mi anns a' phreasa seo?" An uair sin dh'fhairich i fàileadh toit. Agus bhuail eagal mòr i an uair sin. Buidseachd gu dearbh. Nach do thilg Alasdair am bodach creadha dhan stòbh. Bha Raibeart air teine a chur ris an Taigh Mhòr agus sin mar a gheibheadh ise am bàs. Agus bha e coltach cuideachd gu robh Alasdair marbh no gun mhothachadh air taobh eile an dorais.

Sheall i air an uinneig bhig. Bha i ro àrd agus 's dòcha ro bheag ach ... nan cuireadh i dà bhogsa air uachdar a chèile, 's dòcha gun dèanadh i a' chùis.

Chuir i a còta ri bonn an dorais airson an toit a chumail a-mach, oir bha i air tòiseachadh a' casadaich mu thràth. An uair sin dhìrich i gu faiceallach air na bogsaichean. B' urrainn dhi a làmhan a chur air an uinneig mar sin. 'S iomadh latha, a rèir coltais, bho dh'fhosgladh i, agus 's ann air èiginn a dhearg i a dhèanamh, ach beag air bheag chaidh aice air a fosgladh gus èaladh às. Shlaod i i fhèin troimhpe. Sheall i mun cuairt. Bha an uinneag air cùl an taighe. Chunnaic i gu robh an Range Rover fhathast ann. Uill, bha i ceart mu dheidhinn sin, ma-tha. Feumaidh gu robh Raibeart air dèanamh às a-rithist dhan àite-falaich aige, agus 's fheudar gu robh Alasdair fhathast a-staigh.

Ghearr i leum gu h-eagalach sìos dhan t-sneachda. Ged a bha a bòtannan oirre, cha robh a còta, 's mar sin dh'fhairich i am fuachd sa bhad. Ach cha robh ùine aice smaointinn air. Dh'fheuch i an doras-cùil. Glaiste! Ruith i mun cuairt chun an dorais mhòir. Glaiste! Ciamar a gheibheadh i a-steach? Ciamar a gheibheadh i Alasdair a-mach? Sheall i mun cuairt airson rudeigin a bhriseadh na h-uinneagan ach cha robh dad ri fhaicinn. O nach robh mòran lùiths air fhàgail innte, bhiodh e na b' fheàrr ruith gu taigh Peigi gus cobhair fhaighinn bhon phoileas. Thog i oirre air chrith le fuachd is le eagal.

Bha e air tòiseachadh a' cur an t-sneachda a-rithist, ach leis a' chabhaig a bh' oirre 's gann gun do mhothaich i dha. Dh' fhàs i sgìth gu math luath agus bha an sneachda a' sìor fhàs trom, ach chum i oirre, ceum air cheum.

Cha b' urrainn dhi a-nis taigh Peigi fhaicinn 's an sneachda na sùilean, ach bha fios aice càit an robh e. Sheall i air a h-uaireadair. Deich uairean. Bhiodh sùil aig a' phoileas an-dràsta rithe fhèin agus ri Alasdair.

Lean i oirre. Bha i a' dol gu math slaodach, a' tarraing cas an dèidh coise 's an sneachda cho domhainn. Bha e os cionn mullach nam bòtannan aice 's bha cnapan fuar sleamhainn dheth a' leaghadh nam broinn 's a casan a' fàs fuar.

"Feumaidh mi cumail orm gus cumail blàth, ach suidhidh mi airson diog gus an sneachda fhaighinn às na bòtannan."

Cha robh àite ann san suidheadh i ach anns an t-sneachda fhèin. Bha Eilidh coma.

"Tha mi bog fliuch mu thràth. Dè an deifir ma shuidheas mi air sneachda a tha cuideachd bog fliuch fuar co-dhiù?"

Bha e neònach, ach bha i na bu bhlàithe na suidhe agus an sneachda ga dìon bho fhuachd na gaoithe. Thug i an sneachda às na bòtannan.

"Fuirichidh mi nam shuidhe an seo greis gus an sguir i a chur an t-sneachda."

Dh'fhairich i pathadh agus dh'ith i cleiteag no dhà de shneachda. Bha i sgìth a-nis agus cadalach. Bha a sùilean a' dùnadh ach bha i a' smaointinn gu robh i a' faireachdainn na b' fheàrr. Bha cuimhn' aice air an teine san Taigh Mhòr. Bha cuimhn' aic' air Alasdair bochd glaiste ann, 's dòcha gun chomas gluasad. Bha cuimhn' aice 's bha i coma. Bha i sgìth, sgìth - ro sgìth.

"Eilidh!"

Bha cuideigin ag èigheachd oirre. Dh'fhosgail i a sùilean. Bha sneachda cho geal air gach taobh. Bha cuimhne aice an uair sin gu robh i a' dèanamh air taigh Peigi. An i Peigi a bha ag èigheachd? Sheall i mun cuairt ach cha robh duine san t-sealladh. 'S dòcha gu robh a cluasan ga mealladh no gum b' e aisling a bh' ann. Dhùin i a sùilean uair eile. Bha i cho feumach air cadal...

"Eilidh!"

A-rithist. Thug i leum aiste le eagal an turas seo. Mas e aisling a bh' ann, b' e droch aisling a bh' ann. Bha làn-fhios aice a-nis cò bha ag èigheachd oirre. Thill a cuimhne. 'S e guth Raibeirt a bh' ann. Bha fios aige gu robh i air teicheadh às an Taigh Mhòr agus bha e a-nis air a tòir airson a murt. Cha mhealladh duine am bodach creadha cho furasda sin.

Thòisich i air ruith, cho luath 's a b' urrainn dhi. Chluinneadh i an guth làidir aig Raibeart air a cùlaibh a' sior theannadh oirre.

"Eilidh! Eilidh!"

Thòisich i fhèin air èigheachd an sin an dùil gu robh i faisg air taigh Peigi.

"Pheigi! A Pheigi!"

Thionndaidh i agus chunnaic i cumadh Raibeirt cho mòr, le sneachda air an fheusaig mhòir aige, cromag na dhòrn. Chuimhnich i san dearbh mhionaid sin air a' bhuachaille a bhàsaich san t-sneachda a rèir an òrain. Dh'fhairich i làmhan Raibeirt air a gàirdeanan 's bha cuimhne aice gu robh Peigi marbh 's nach tigeadh ise ga cuideachadh. Bha fios aice cuideachd gun rachadh a marbhadh le na dearbh làmhan sin a bh' air a gàirdeanan fhèin an-dràsta. Bha fios aice gu robh fios aigesan gum b' aithne dhi sin. Bha i rag, gun ghluasad. Cho fuar. Bha a sùilean gu dùnadh. Cadal beag … norrag bheag … .

CAIBIDEIL 18

"Eilidh! Eilidh!"

Bha cuideigin ga bualadh. Dh'fhosgail i a sùilean a-rithist. 'S e Raibeart a bh' ann. Thill a cuimhne tron leòradh a bh' oirre. Mharbhadh e i an ceartuair. Dh'fheumadh e a marbhadh, oir b' aithne dhi a h-uile rud. Leig i sgiamh aiste. Nach bochd nach robh Alasdair faisg air làimh. Sheall i mun cuairt. Cha robh duine ri fhaicinn. Cha robh ann ach sneachda trom, fuar air gach taobh. Sin nuair a chuimhnich i air a h-uile rud. Bha Alasdair na laighe - marbh 's dòcha - san Taigh Mhòr 's an Taigh Mòr na smàl. Leig i sgreuch eile aiste. Chuireadh làmh làidir air a beul. B' ann air èiginn a tharraingeadh i a h-anail. Tachdaidh e mi, smaoinich i, agus thòisich i air sabaid ris.

"Eilidh!" dh'èigh e uair eile. "Sguir dhen sin. Sguir dheth!" Bhuail e i 's thuit i san t-sneachda a-rithist. Leis an eagal a ghabh i, cha b' urrainn dhi sgreuchail. Bha e ro fhuar dhi san t-sneachda 's i cho sgìth. Chrom Raibeart ri a taobh 's thàinig aodann faisg air a h-aodann-se 's dh'fhairich i an anail aige blàth air a h-aghaidh. Ghabh e a ceann eadar a dhà làimh, a chorragan mu a h-amhaich.

"Tha e dol gam thachdadh," thuirt i rithe fhèin, "'s tha mi coma."

Dhùin i a sùilean. Dh'fhairich i pòg air a gruaidh, feusag fhuar 's i cruaidh le deigh oirre, air a smiogaid.

"Na gabh eagal, Eilidh!"

Na gabh eagal! Bha i air a reothadh le eagal gun ghuth air an fhuachd. Cha b' urrainn dhi gluasad. Dh'fhosgail i a sùilean a-rithist. Bha a shùilean-san a' coimhead gu dlùth oirre. Bha iad dearg leis a' ghaoith os cionn feusaig air an robh deigh. Chuir e dheth a chòta, a' cumail sùil oirre fad an t-siubhail, ach cha robh lùths air fhàgail innte gus strì ris. Chuir e an còta thairis oirre.

"Seo, Eilidh, tha thu gus do lathadh. Cuir seo umad no bidh thu marbh."

Marbh? Bhiodh i marbh ceart gu leòr. Dè an deifir an robh i fuar no blàth?

"Nis, an tèid agad air seasamh?"

Seasamh? Dè bha bhuaithe a-nis?

Thug Raibeart sùil air a chùlaibh. "Greas ort, Eilidh!"

"Tha mi coma, Raibeirt! " thuirt i. "Tha mi sgìth, 's ma tha thu airson mo mharbhadh, dèan an seo e!"

"Do mharbhadh? Do mharbhadh?" dh'fhaighnich Raibeart. "Carson idir a dhèanainn sin?"

Bha e às a rian gun teagamh. Air chuthach.

"A chionn 's gu bheil fios agam gur tusa a mharbh Peigi. Agus bha mi dìreach a' dol chun a' phoilis a dh'innse dhaibh gun do dh'fheuch thu ri Alasdair 's mi fhèin a mharbhadh nuair a chuir thu an Taigh Mòr na theine."

Shuidh Raibeart air ais air a shàilean.

"Chan eil mi a' tuigsinn, Eilidh. Tha thusa a' smaoineachadh gun do mhurt mise Peigi! Ach carson ...?"

"B' iad lorg nam meòirean agadsa a bh' air a' Bhìoball leis an deach a marbhadh. Cha robh cuimhn' agad air sin, an robh, ged a bha a h-uile rud eile sa ghnothach air a chur air dòigh agad?"

Cha tuirt Raibeart dad.

"Tha mi ceart, ma-tha!"

"Chan eil, Eilidh, chan eil, chan eil! Ach tha cùisean tòrr nas miosa na bha mi an dùil ma tha fiù 's thusa a' smaointinn gun do mharbh mise Peigi. Bha dùil 'am gun cumadh tusa is Catrìona taic rium ... "

"Dè tha thu 'g ràdh? Gu robh thu a' smaointinn gu rachadh Catrìona is mise còmhla riut an aghaidh an lagh? Gu rachainn-sa dhan phrìosan nad àite? Tha thu buileach às do chiall!"

"Gun rachadh tusa dhan phrìosan ... chan eil mise tuigsinn."

"Tha am poileas dhen bheachd gur e mise a rinn am murt agus bithidh gus am faigh mi dearbhadh gun do rinn thu fhèin e."

Mhothaich i an uair sin gu robh an sneachda air sgur. Chitheadh i astar beag air gach taobh. Dh'aithnich i far an robh iad.

"Seall am fuaran," thuirt i, "far an robh na bodaich chreadha."

"Tha fios 'am," thuirt Raibeart.

"Gu dearbh, bidh fios agad. On as tusa a chuir ann iad. Chunnaic mi an sin thu a' chiad uair a fhuair mi bodach creadha ann."

"Ged a dh'innsinn an fhìrinn dhut mu na bodaich chreadha, tha deagh fhios agam nach creideadh tu mi, Eilidh. Feumaidh mi do thoirt dhachaigh. Seall an t-àite sa bheil sinn. Feumaidh sinn tarraing às mus tig esan air ar tòir gus an dithis againn a mharbhadh."

Ghlac e na ghàirdeanan làidir i. Mas e murtair a bh' ann, nach neònach cho sàbhailte, socair, cofhartail 's a bha i a' faireachdainn.

Cha bu luaithe a thog e i na chuir e sìos a-rithist i.

"Dè tha siud?" thuirt e.

Chrom e sios dhan fhuaran agus thog e bodach creadha eile às. Iomhaigh duine le falt is feusag dualach, ruadh.

"Tha e furasda fhaicinn cò th' againn an seo," thuirt e gu gruamach. "A bheil thu gam chreidsinn a-nis?" Chuir e na phòcaid e agus thug e Eilidh leis gu taigh Uilleim is Maireid.

Bha iadsan cha mhòr às an ciall le iomagain mu Eilidh. Thòisich Catrìona air gal nuair a nochd Raibeart le a piuthar aig doras a' chidsin.

"Bha mi cinnteach gu robh thu marbh, Eilidh. Dh'fhòn mi am poileas 's thuirt iad nach do nochd thu aig a deich. Thuirt iad cuideachd gun deach an Taigh Mòr na theine agus tha sinn air a bhith ga choimhead a' gabhail pìos às. Tha Alasdair shuas an sin an-dràsta. Bha iomagain mòr air nuair nach do nochd thu. 'S cinnteach gu bheil e glè dhèidheil ort. Feumaidh sinn fios a chur thuca gun do thill thu 's nach eil dad ceàrr ort."

"Fuirich, a Chatrìona!" thuirt Raibeart. "Na cuir fios fhathast." Chuir e Eilidh air an t-sòfa, far an do thòisich Mairead air frithealadh dhi. Thionndaidh iad uile ri Raibeart.

"Tha am poileas dhen bharail gur e Eilidh a rinn am murt. Ceart? Tha Eilidh agus 's dòcha sibh fhèin a' smaointinn gur e mise a rinn am murt. Uill, tha dearbhadh agamsa gur e Alasdair a rinn e."

"Alasdair!" Thuit am muga teatha bho làimh Eilidh. "Tha thu cho ceàrr ri ceàrr. Ceàrr. Ceàrr. Dè tha thu 'g ràdh? Bheil thu feuchainn ri thu fhèin a dhìon? Dè an dearbhadh a th' agad?"

"Chan innis mi sin gus an innis mi dhan phoileas. Bha mi bruidhinn ri Alasdair an-diugh fhèin 's dh'innis mi dha gu robh an dearbhadh agam agus gum biodh e na b' fheàrr dha nan rachadh e chun a' phoilis 's an fhìrinn innse. Ach cha ghabhadh e ris an sin. Dh'fheuch e ri mo mharbhadh. Thug e dhomh buille mun cheann agus, a' smaointinn gu robh mi marbh, chuir e an Taigh Mòr na theine gus nach biodh corp air fhàgail. Dh'fhàg e Eilidh bhochd glaiste sa phreasa an dòchas gum faigheadh i bàs cuideachd. Gu fortanach, thàinig mi thugam fhìn agus, air èiginn, fhuair mi a-mach."

Chaidh Raibeart air chrith.

Thionndaidh Mairead ri Uilleam: "Uilleim, thalla 's faigh aodach tioram, blàth dha. Co-dhiù 's e 'n fhìrinn a th' aige gus nach e, chan eil sinn ag iarraidh corp eile air ar làmhan."

Dh'fhalbh Uilleam le Raibeart do rùm eile. Cò thàinig a-steach san dearbh mhionaid ach MacPhàil agus an t-Inspeactair, 's iad a' faighneachd an robh Eilidh air tilleadh.

"Tha," thuirt Mairead, "ach tha i fuar, sgìth 's tha i faisg air a bhith marbh. Ma tha sibh airson a ceasnachadh an-dràsta, feumaidh sibh a dhèanamh an seo."

Shuidh an dà phoileasman gu socair, ach 's iad a leum an àird nuair a thill Uilleam agus Raibeart.

"Seo an duine fhèin!" thuirt iad le chèile, a' cur Raibeirt an grèim.

"Raibeirt Dhonaldson, tha mi gad chur an sàs 's tu feuchainn ri bacadh a chur air an lagh. Rud sam bith a chanas tu, bheir mi sìos mar fhianais e."

Chuir Mairead casg air. "O, ist, a MhicIomhair. Tha am balach bochd sin air a bhith a-muigh air a' mhonadh san stoirm seo a' sàbhaladh na h-ighne. Chan eil e a' dol taobh sam bith a' chiad ghreis. Suidhibh uile sìos a-rithist. Nì mi cofaidh dhuinn fhìn agus biadh dhan dithis a bha muigh fo na siantan. Eisdeamaid ris an sgeul aig Raibeart."

CAIBIDEIL 19

Bha iad uile nan suidhe a-nis agus an rùm a' faireachdainn seasgair, blàth a dh'aindeoin fead na gaoithe a-muigh. Bha aire gach duine dhiubh air Raibeart. Bha esan a' coimhead caran neònach anns a' gheansaidh bheag aig Uilleam.

"Càit an tòisich mi?"

"Aig toiseach tòiseachaidh," thuirt Mairead.

"Nuair a choinnich mi riut san trèan," thuirt Eilidh gu lapach bhon t-sòfa.

"Thòisich an gnothach fada roimhe sin."

"Nuair a bha an tubaist agamsa ann?" arsa Catrìona.

"Thòisich e roimhe sin cuideachd."

Shuidh e air ais anns a' chathair, a chofaidh na làimh.

"'S ann an-uiridh a thòisich e, saoilidh mi, nuair a dh'eug mo mhàthair. Bha m' athair air bàsachadh a' bhliadhna roimhe sin agus, seach nach robh bràthair no piuthar agam, bha mi a' faireachdainn caran ònrachdail.

" 'S ann anns an leabharlann latha a bhuail mi air eachdraidh an teaghlaich. Tha clàran breith aca air inneal a-nis agus bidh mòran dhaoine ag obair air sloinneadh orra o mhoch gu dubh.

"Bha fios 'am gur ann à Dail Chuinnidh a bha teaghlach m' athar 's cha robh e doirbh a dhol air ais bhon sin. An uair sin chuir mi seachad seachdain ann an Register House ann an Dùn Eideann. An rud as inntinniche a fhuair mi a-mach, 's e gun do ghluais mo shinn-seanair Raibeart à Druim Uachdair gu Dùn Eideann agus aig an aon àm dh'atharraich e a shloinneadh bho MacDhòmhnaill gu Donaldson airson a bhith na bu Ghallta. Leis an ainm cheart aige agam a-nis bha mi airson bruidhinn ris na seann daoine anns an sgìre às an tàinig e.

"Bha fios 'am gum biodh cuimhne mhath aig na daoine sin air sloinneadh na sgìre, agus seach gu robh agam cuideachd ri pàipear teisteanais a sgrìobhadh mu eachdraidh na h-Albann airson a' chùrsa tha mi a' dèanamh aig an oilthigh, chuir mi romham gun rannsaichinn seo dhomh fhìn ach gun dèanainn pàipear dheth cuideachd."

Dh'òl e balgam cofaidh.

"'S ann mar sin a thàinig mi an seo. Fhuair mi 'n *chalet* air màl bho Alasdair fad dà mhios gus an tigeadh an luchd-turais. Nan robh fios air a bhith aig Alasdair air fàth mo thurais, cha robh mi air cas fhaighinn faisg air a' bhaile."

"Carson sin, ma-tha?" dh' fhaighnich Mairead.

"Uill, cha robh mi fada sa bhaile nuair a fhuair mi a-mach gur ann de theaghlach an Taighe Mhòir a bha m' athair."

"Dòmhnallaich Dhruim Uachdair!" thuirt Mairead. "Gu dearbh. Tha am falt aca ort co-dhiù. Ach ciamar a bha thu cinnteach?"

"Cha robh idir an toiseach, ach fhuair mi a-mach gu robh mi càirdeach do Pheigi. B' e a seanmhair-se piuthar mo shinn-seanar-sa. Bha ise cho toilichte eòlas fhaighinn mu ar càirdeas, oir chaochail an triùir bhalach aice 's iad òg. Bha mise mar mhac dhi agus ise mar mhàthair dhòmhsa."

Bha an cupa aige falamh a-nis agus bha e a' coimhead gu dlùth na bhroinn mar a sheallas fiosaiche am bonn cupa gus na duilleagan teatha a leughadh.

"Bha thusa, ma-tha, ro dhèidheil air Peigi is ro chàirdeil rithe airson a marbhadh," thuirt Mairead. "Ach mur do mhurt thusa i, cò mhurt i?"

"Tha mi tighinn thuige sin. B' e sinn-seanair Peigi bràthair-seanar Iseabail aig an robh an Taigh Mòr agus, o nach robh clann aice nuair a chaochail i san tubaist rathaid, bha còir aig an oighreachd a dhol gu teaghlach Peigi agus bhuaipese chun an teaghlaich agamsa. Ach o nach robh fios aig duine gu robh ar leithidean ann, thàinig a piuthar-cèile, Ealasaid, a-staigh, agus a mac-se ..."

" Alasdair!" thuirt iad còmhla.

"An dearbh fhear. B' esan an t-oighre, 's e a'

smaointinn gur esan an duine a bu dlùithe do dh'Iseabail. Nuair a fhuair e a-mach mu chòraichean Peigi air an oighreachd, thug e dhi an taigh gun mhàl fhad 's a bhiodh i beò."

"Bha Peigi riaraichte leis an sin?"

"Bha. Cha robh iarraidh aice air an Taigh Mhòr. Bha airgead gu leòr aice 's bha i ro aosda airson uallach oighreachd 's a' chlann aice fhèin marbh."

"Ach nach robh fios aice mu do dhèidhinn-sa?"

"O, cha robh aig an àm sin. Nuair a dh'fhàg mo shinn-seanair Dail Chuinnidh cha do thill e riamh, agus cha chuala duine guth bhuaithe no air. Bha dùil aig muinntir a' bhaile gun do bhàsaich e beagan ùine an dèidh dha am baile fhàgail, ach tha e coltach a-nis gu robh e ag iarraidh cùl a chur ris a' bhaile 's ris a' Ghàidhealtachd nuair a dh'atharraich e ainm."

"Mar sin is tusa oighre dligheach an Taighe Mhòir 's na h-oighreachd," thuirt Catrìona.

"'S bha fhios aig Alasdair air an sin," thuirt Mairead.

"Bha amharas aige aig an toiseach ach tha fios cinnteach aige a-nis," fhreagair Raibeart.

"Ach chan eil mise a' tuigsinn," thuirt Catrìona. "Mas tusa an t-oighre, carson a bha cuideigin a' feuchainn ri cur às dhòmhsa?"

"A chionn 's gu robh e smaointinn gu robh fios agad o Pheigi gur mise an t-oighre dligheach.

Dh'fhairtlich air do mharbhadh an turas sin."

"Dè mu dheidhinn nam mèirleach?"

"B' e sin Alasdair, 's e a' lorg pìos pàipeir air an robh an dearbhadh gur e mise an t-oighre. Ach cha robh dùil aige ri Eilidh. Nuair a dh'fhalbh i dhan ospadal, chuir e a h-uile rud air dòigh agus e am beachd gu saoileadh duine gu robh an dithis pheathraichean às an ciall agus nach gabhadh iad creidsinn."

"Rinn e an gnothach air an sin gu dearbh," thuirt Eilidh. "Cha mhòr nach robh mi fhìn a' creidsinn gu robh mi às mo chiall!"

"Ach carson a mharbh e Peigi?"

"Chan eil mi buileach cinnteach. Eagal, 's dòcha, gun innseadh i gur e mise an t-oighre dligheach. Fearg cuideachd, 's dòcha."

"Ach carson nach robh lorg a mheòirean air a' Bhìoball mas esan a bhuail Peigi leis?"

"A chionn 's gu robh e uabhasach fhèin faiceallach agus gun do chuir e miotagan air."

Dh'èirich Eilidh on t-sòfa. "Ach cha robh miotagan air an latha ud - an latha a fhuair mi Peigi marbh. 'S fheudar gun tug e dheth iad nuair a chaidh e a-steach a choimhead air a' chorp agus gun do dh'fhàg e dheth iad, oir bha iad dheth nuair a thill e. Tha mi air sin innse dhuibh mu thràth."

Bha MacPhàil a' coimhead caran anshocrach na chathair.

"Sin a thubhairt sibh, ach bidh cuimhne agaibh nach robh mòran earbsa againn anns na bha sibh ag ràdh ... Ach ma tha na tha sibh ag ràdh fìor, tha e neònach, fiù 's na adhbhar amharais, nach robh lorgan a mheòirean air a' Bhìoball. Tha sin fhèin a' nochdadh cho seòlta 's a tha an duine. Feumaidh gun do chuir e na miotagan air a-rithist gus am Bìoball a thogail agus dheth a-rithist mus tàinig e a-mach. 'S ann airson sin a dh'fhàg e sibhse, Eilidh, a-muigh."

"Saoilibh càit a bheil e an-dràsta?" thuirt Eilidh, beagan eagail na guth. Sheall iad uile air an doras mar gu robh e a' dol a thighinn a-steach dìreach aig an àm sin. Ach cha tàinig. Choimhead MacPhàil air uaireadair.

"Tha an ùine a' ruith oirnn. Feumaidh sinn a dhol air a thòir. Tha an stoirm air togail an-dràsta."

"Bheil for agaibh càit am bi e?" dh'fhaighnich Uilleam.

"Chan eil idir ach feumaidh sinn cuimhneachadh gu bheil e a' dràibheadh a' chàir ruaidh aig Raibeart."

"Agus tha an dearbhadh a bha e a' sìreadh sa chàr," thuirt Raibeart, "ged nach eil fios aige air sin. Tha mi 'n dòchas nach cuir e an càr na theine!"

"Dè an dearbhadh tha sin?"

"Chì sibh nuair a gheibh sinn e."

Ach bha an oidhche air tuiteam, 's ged a bha fadachd air na poilis falbh a shiubhal Alasdair, bha e follaiseach nach gabhadh càil dèanamh gu madainn. Chaidh Mairead is Uilleam is Catrìona a chadal greiseag an dèidh dha na poilis fàgail, ach shuidh Eilidh agus Raibeart sa chidsin bhlàth a' còmhradh airson ùine mhòr, a' faighinn eòlas ùr air a chèile, 's a' caoidh nan rudan sgriosail a bh' air tachairt on a thachair iad ri chèile air an trèan.

CAIBIDEIL 20

Sgìth 's gu robh iad, b' fheudar do dh'Eilidh agus do Raibeart falbh còmhla ris a' phoileas sa chàr aca an ath mhadainn.

"Bithibh faiceallach," thuirt Mairead nuair a bha iad a' falbh.

Nuair a bha iad uile anns a' chàr, thuirt MacIomhair, "Nise, dràibhidh sinn suas chun an Taighe Mhòir an toiseach a dh'fhaicinn a bheil Alasdair mun cuairt, ach saoilidh mi, mas i an fhìrinn a th' agad, a Raibeirt, nach bi."

Nuair a ràinig iad an Taigh Mòr cha robh Eilidh agus Raibeart a' creidsinn na chunnaic iad. Cha robh air fhàgail dhen Taigh Mhòr ach na ballachan, 's bha iadsan dubh, dubh le sùith am measg an t-sneachda shalaich. Bha an sneachda air a dhol na uisge leis an teas 's air ruith na shruthan an lùib uisge is cop an luchd-smàlaidh. Cha robh ann a-nis ach fàileadh uabhasach an losgaidh.

Dh'fhuirich iad sa chàr còmhla ris an Inspeactair fhad 's a leum MacPhàil a-mach a shireadh Alasdair. Bha an dithis aca nan tosd a' smaointinn air cho faisg agus a bha iad fhèin air a bhith nan luatha san tobhta sin. Thòisich Eilidh air casadaich.

"Tha mi gu bhith marbh leis an teas ... fosgail an uinneag!" Dh'fhosgail Raibeart uinneag. Thàinig am fàileadh uabhasach a-steach na bu mhiosa na 'n teas. Thàinig miann dìobhairt air Eilidh nuair a thill MacPhàil.

" 'S dòcha gur e mearachd a bh' ann an toirt leinn," thuirt e ris an Inspeactair nuair a chunnaic e Eilidh 's i cho bochd. "An toir mi dhachaigh iad?"

"Cha toir," thuirt Raibeart, "bidh i ceart gu leòr nuair a gheibh sinn air falbh on àite seo."

Cha tuirt Eilidh càil. Ciamar a bha fios aigesan ciamar a bha ise a' faireachdainn? Ach bha i airson aodann Alasdair fhaicinn nuair a ghlacadh MacPhàil e, agus nuair a chitheadh e gu robh i ceart gu leòr a dh'aindeoin a' bhodaich chreadha a thilg e dhan stòbh.

Na bodaich chreadha!

"Tha fios agamsa far am bi e," thuirt i.

"Càite?" dh'fhaighnich MacIomhair.

"Aig Fuaran a' Bhuachaille," thuirt Eilidh, "far an d' fhuair mi na bodaich chreadha san uisge."

"Cha chuala mi riamh Fuaran a' Bhuachaille air an àite sin," thuirt MacPhàil.

"Chan e sin an t-ainm ceart aige - chan eil ann ach ainm a thug Alasdair fhèin air. Tha òran gaoil ann far a bheil caileag ag ionndrain buachaille òg a chaidh a lathadh 's e a' sìreadh a' chruidh ann an cathadh sneachda. Fhuair iad marbh e ri taobh an fhuarain, agus na fèidh ag ithe duilleach nan craobh mun cuairt gun for air a' bhuachaille bhochd."

" 'S aithne dhuts' an t-àite cuideachd," thuirt Eilidh ri Raibeart, "oir sin an t-àite far am faca mi thu a' cromadh os cionn a' chiad bhodaich chreadha. Mura tusa a chuir am bodach creadha sin ann, dè bha thu a' dèanamh an sin?"

"Bha mi dìreach air a bhith leantainn Alasdair. Chunnaic mi esan a' cur rudeigin dhan uisge agus chaidh mi a choimhead dè bh' ann nuair a dh'fhalbh e, gus gun tuiginn dè bha e ris, ach thachair gun tàinig thusa aig an dearbh àm. Bha eagal orm gum biodh am poileas còmhla riut agus theich mi às cho luath 's a b' urrainn dhomh.

Feumaidh gun do thill Alasdair airson am bodach creadha fhaighinn 's tu air na chunnaic thu innse. Thug sin cothrom eile dha a shealltainn dhan phoileas gu robh thu ag innse bhreug.

"A rèir choltais, tha Alasdair a' creidsinn ann am buidseachd. Bhiodh ùidh shònraichte aige anns na sgeulachdan mu deidhinn, sgeulachdan a tha ag innse dè na fuarain as fheàrr airson a leithid de bhodaich. 'S fhuair mi a-mach gur ann o a mhàthair a fhuair e a' chrèadh. Tha fios agaibh gu robh i ri obair creadha?"

Thug MacPhàil a-mach a leabhar dubh agus bha e a' sgrìobhadh rudeigin sìos nuair a leig Eilidh sgread aiste: "Seall! Sin an càr aig Raibeart!"

Bha iad uile a' coimhead air càr ruadh san t-sneachda gheal, fo sgòthan dorcha, glasa.

"Mach leinn!" thuirt MacIomhair.

Stad MacPhàil an càr aige fhèin ri taobh a' chàir ruaidh. Cha robh sgeul air Alasdair. Dh'fhosgail Raibeart doras cùil a' chàir. Bha e a' rùrach airson greis agus an uair sin thug e a-mach pìos pàipeir.

"Seo an dearbhadh a bha Alasdair ag iarraidh a mhilleadh. Cha robh fios aige gu robh e agamsa an seo."

"Dè th' ann?"

"A' chiad duilleag à Bìoball Peigi."

"Ach tha sin againn mu thràth," thuirt Eilidh. "Fhuair sinn trì duilleagan anns an chalet agad."

"Fhuair sibh trì duilleagan ceart gu leòr, ach cha d' fhuair sibh a' chiad tè a tha gun àireamh oirre. Coimheadaibh!"

Choimhead iad air an duilleig. Chunnaic iad an sin sloinneadh Peigi a' dol air ais gu a sinn-seanair 's a seanmhair.

"Dh'fhàg mo shinn-sheanair fhèin - sin bràthair-seanar Peigi - dh'fhàg e Dail Chuinnidh às dèidh bàs na h-ìghne bige aige, Màiri, 's cha robh guth tuilleadh air an teaghlach againn gus an tàinig mise dhan sgìre agus an do dh'innis mi do Pheigi cò mi."

Chuala iad èigh. 'S e èigh MhicIomhair a bh'
ann. Bha esan air coiseachd air thoiseach orra a
dh'ionnsaigh an fhuarain. Reamhar, tiugh 's mar a
bha e, bha MacIomhair a' cromadh san t-sneachda
's bha dùil aig Eilidh gu robh e air bodach creadha
eile a lorg, ach nuair a thàinig iad na bu dluithe
air, chunnaic iad gur e corp Alasdair air a
chòmhdach le sneachda a bh' ann.

"Tha e marbh!" thuirt MacIomhair. "Feumaidh
gun do lathadh e anns an stoirm mu dheireadh a
bha sin."

'S e buidheann sàmhach a thill dhan chàr, agus
chuir MacPhàil dhachaigh iad.

" 'S tusa an t-oighre gun teagamh a-nis, a
Mhaighstir Raibeart," thuirt MacIomhair.

Rug Raibeart air làimh Eilidh. "Cha thaigh
ceart taigh gun bhean ann."

"Mar as iomchaidh do dh'oighre," thuirt Eilidh.
'S bha fiamh toilichte tro sgìths a h-aodainn.
"Feumaidh gu robh e an dàn dhomh ceart gu leòr
tilleadh dhachaigh!"